Glasenapp | Taylor Swift. 100 Seiten

AF202515

✳ Reclam 100 Seiten ✳

JÖRN GLASENAPP, geb. 1970, ist Inhaber des Lehrstuhls für Literatur und Medien an der Otto-Friedrich-Universität Bamberg. Er hat zu zahlreichen popkulturellen, film- und literaturwissenschaftlichen Themen publiziert. Erstes Lieblingsalbum: *Seventeen Seconds* von The Cure. Mitglied der Bands Sisyphos & The Fuzzy Few und Blood Meridian (Gitarre, Gesang, Staubsauger). Dass er einmal zum Swiftie werden würde, hätte er sich nicht träumen lassen.

Jörn Glasenapp

Taylor Swift. 100 Seiten

RECLAM

3. Auflage

2024 Philipp Reclam jun. Verlag GmbH,
Siemensstraße 32, 71254 Ditzingen
Umschlaggestaltung: zero-media.net
Überarbeitete und aktualisierte Ausgabe 2024
Infografik (S. 64 f.): annodare GmbH, Agentur für Marketing
Bildnachweis: S. 2: Jörn Glasenapp; S. 5: Jörn Glasenapp;
S. 16: picture alliance / ASSOCIATED PRESS / Jason DeCrow;
S. 33: IMAGO / China Foto Press; S. 41: picture alliance / AP Photo /
Chris Pizzello; S. 49: picture alliance / Photoshot; S. 73: picture
alliance / REUTERS / MARIO ANZUONI; S. 77: UPI / Alamy Stock
Foto; S. 89: IMAGO / USA TODAY Network; S. 97: Jörn Glasenapp
Umschlagmaterial: Creative Print, Schabert
Druck und Bindung: Esser printSolutions GmbH,
Untere Sonnenstraße 5, 84030 Ergolding
Printed in Germany 2024
RECLAM ist eine eingetragene Marke
der Philipp Reclam jun. GmbH & Co. KG, Stuttgart
ISBN 978-3-15-020709-3

Auch als E-Book erhältlich

www.reclam.de

Für mehr Informationen zur 100-Seiten-Reihe:
www.reclam.de/100Seiten

Inhalt

Playlist zum Buch

Die Playlist zum Mithören (siehe Anhang) finden Sie online unter https://www.reclam.de/taylor_swift bzw.

13

Welcome to Swift City!

Swift City. Wo sonst hätte die lang erwartete »Eras Tour« von Taylor Swift starten sollen? Nur wo liegt Swift City eigentlich? Google Maps gibt hierüber keine Auskunft, was nicht weiter verwundert. Denn hinter Swift City verbirgt sich die 250 000-Einwohner-Stadt Glendale, Arizona. Für diese war die Ehre, im März 2023 den Tourauftakt des Superstars austragen zu dürfen, Grund genug, sich kurzfristig umzubenennen, und zwar ganz offiziell auf bürgermeisterlichen Beschluss. Bereits gut eine Woche vor Swifts Ankunft hatte man die Namensänderung angekündigt, allerdings ohne den neuen Namen bekanntzugeben. Prompt begann unter den Swift-Fans das Rätselraten: Würde Glendale zu GlenTAYL werden oder zu Glendale, ERA-zona? Oder doch eher zu Glendale (Taylor's Version)? Dass man sich letztlich für das sehr naheliegende Swift City entschied, mag manche vielleicht etwas enttäuscht haben. Die schlichte, in Deutschland regelrecht unvorstellbare Tatsache, dass sich eine Stadt von der Größe Braunschweigs oder Kiels für ihr Idol umbenannte, kam bei den Swifties aber natürlich bestens an.

Glendales Swift-City-Aktion (auf die ein paar Monate später Pittsburgh mit seiner Umbenennung in SWIFTsburgh folg-

Swift performt »Cruel Summer« auf der »Eras Tour«.

te), aber auch das Betteln einiger Staatschefs, die Musikerin möge doch bitte auch einen Tourstopp in ihren Ländern einlegen (»Don't make it another cruel summer«, twitterte beispielsweise Kanadas Premier Justin Trudeau), zeigte einmal mehr: Bei Taylor Swift haben wir es mit einem Star zu tun, bei dem gänzlich andere Maßstäbe gelten als bei normalen Popgrößen. Nicht zuletzt Swift selbst ist sich darüber vollkommen im Klaren. Sie fühle sich bisweilen wie ein »monster on the hill«, das über Städte herfällt, heißt es entsprechend in der zweiten Strophe ihrer allseits gefeierten Hitsingle »Anti-Hero«. Gigantische Filmkreaturen vom Schlage Godzillas oder King Kongs lassen grüßen. Passend hierzu sprengt im dazugehörigen Musikvideo eine gut vier Meter große Swift das gemütliche Abendessen einer Familie, die angesichts des ungebetenen Gastes panisch die Flucht ergreift. Wenn die reale Swift auftritt, flüchtet selbstverständlich niemand, und doch gilt, was Song und Video gleichermaßen herausstreichen: Egal, wo sich die 1,80 Meter große Singer-Songwriterin sehen lässt – der Raum ist zu klein für sie, und die Leute starren sie an, als sei sie ein Wesen aus einer anderen Welt, ein »monster on the hill«. Ähnliches mag bei allen Stars der Fall sein, doch bei Swift starren auch die Stars.

Nach den beiden Shows in Swift City war sich die internationale Presse einig: Die »Eras Tour« sei eine performerische Leistungsschau sondergleichen. Hier könne man den seit geraumer Zeit größten Popstar der Welt im Zenit seines Könnens bewundern, und das knapp dreieinhalb Stunden lang. Ich, der ich das Glück hatte, Swift auf der Tour gleich mehrmals erleben zu dürfen, sehe nicht den geringsten Grund zu widersprechen. Das erste ›meiner‹ Konzerte fand in Las Vegas statt, dessen geschmacklos postmoderne Abzockertristesse

Die 13, Swifts Glückszahl

»Ich male mir die 13 vor jeder Show auf die Hand, denn sie ist meine Glückszahl – aus vielerlei Gründen. Ich wurde am 13. geboren. Ich wurde an einem Freitag, dem 13., 13 Jahre alt. Mein erstes Album erreichte nach 13 Wochen Gold. Mein erster Nummer-1-Hit hatte ein 13-sekündiges Intro. Jedes Mal, wenn ich einen Preis gewonnen habe, saß ich entweder auf Platz 13, in Reihe 13, in Abschnitt 13 oder Reihe M, was der 13. Buchstabe im Alphabet ist. Wann immer eine 13 in meinem Leben auftaucht, ist das im Grunde eine gute Sache.«

Taylor Swift, 2009

durch die angereisten Fans signifikant aufgehellt wurde. Schon am Vormittag, lange vor dem Konzert, begegnete man ihnen überall in der Stadt. Viele trugen ihre bunten Freundschaftsbänder ums Handgelenk, einige hatten sich mit Textmarker und Nagellack Swifts Glückszahl 13 auf ihre Handrücken gemalt. Doch was für ein Anblick war es erst, als die Swifties zu Zehntausenden in voller Montur – die einen im Fringe-Look (*Fearless*), die anderen im Goth Style (*Reputation*), manche in pastelliger Fröhlichkeit (*Lover*), manche in schlichter Cottagecore-Natürlichkeit (*Folklore* und *Evermore*) – durch die Straßen von Sin City dem Ort des Geschehens, dem Allegiant Stadium, entgegenströmten!

Das zweite Konzert führte mich dorthin, wo für Swift alles begann: nach Nashville, das heißt in die Hauptstadt nicht nur Tennessees, sondern auch und vor allem der Country- und Western-Musik. Im Volksmund heißt sie schlicht *Music City*.

Ein Heimspiel für Swift: Die »Eras Tour« macht halt in Nashville.

Wer den Grund hierfür hautnah erleben möchte, dem sei ein Gang zum Lower Broadway empfohlen, der Musikmeile der Stadt mit ihren bunten, dicht an dicht stehenden Honky-Tonks, in denen sich die Bands die Klinke in die Hand geben. Sicher, es sind zu 90 Prozent Tourist:innen, die die Straße allabendlich fluten, und es fließt gehörig Alkohol, doch mit Mallorcas Ballermann-Kultur hat das Ganze gleichwohl herzlich wenig zu tun. Dazu geht es den Massen zu sehr um die Musik, und die ist hier, wo der Konkurrenzdruck enorm ist und alle Musiker:innen darauf hoffen, entdeckt zu werden, durchweg von exquisiter Qualität.

Als die am 13. Dezember 1989 in West Reading, Pennsylvania, geborene Taylor Alison Swift in Nashville entdeckt wurde – am Abend des 4. November 2004 –, war sie 14 Jahre alt.

Ein paar Meilen vom Lower Broadway entfernt spielte sie einige Coverversionen und drei ihrer eigenen Songs. Ort des Geschehens: die Bühne des winzigen, aber damals bereits legendären Bluebird Cafe. Im Bluebird, dem »heart of Music City«, wie es Swift einmal formulierte, hatte schon so manche erfolgreiche Laufbahn ihren Ausgang genommen – unter anderem die der Country-Superstars Garth Brooks und Faith Hill. Es war eine Dokumentation über Letztere, die Swift auf die fixe Idee gebracht hatte, dass ihr Nashville, und nur Nashville, die Tore zu einer Musikkarriere öffnen würde. Bald schon waren auch ihre Eltern, Andrea und Scott Swift, davon überzeugt, und so zog die gut betuchte Familie (Scott Swift war schon damals ein hochrangiger Investmentbanker bei Merrill Lynch) einschließlich Taylors jüngerem Bruder Austin 2004 um: von Wyomissing, Pennsylvania, wo Swift seit ihrem elften Lebensjahr lebte, nach Hendersonville vor den Toren der Country-Metropole. Keine Frage: Das, was Swift neben ihrem musikalischen Genie bis heute so sehr ausmacht – nämlich außerordentlich durchsetzungsstark zu sein, wenn es um ihre Kunst geht –, kennzeichnete sie bereits als Teenager.

Dass aus diesem Teenager ein Star werden könnte, mag an jenem besagten Abend im Bluebird so mancher gedacht haben. Einer zog daraus die richtigen Konsequenzen: der Musikunternehmer Scott Borchetta. Er erkannte, dass das eherne Gesetz, wonach das Country-Publikum mittleren bis fortgeschrittenen Alters sei und mithin gut und gerne auf eine singende Jugendliche verzichten könne, vielleicht doch nicht so ehern war – zumindest wenn die Jugendliche Taylor Swift hieß. Und so bot er der 14-Jährigen nach ihrem Auftritt einen Plattendeal an. Der Umstand, dass sein Label Big Machine Records zum damaligen Zeitpunkt noch gar nicht existierte, schreckte Swift nicht ab. Sie wartete, bis es so weit war, denn Borchettas Enthusiasmus und Aufbruchsgeist imponierten ihr. 2005 unterzeichnete sie einen Vertrag, der sie für insgesamt sechs Alben an Big Machine band. Zwölf Jahre später, mit dem Erscheinen von *Reputation*, war er erfüllt, Swift längst überlebensgroß. Ob sich Borchetta manchmal gefühlt hat wie jener Verlagsmitarbeiter, der die Rechte am zuvor zwölfmal abgelehnten Manuskript des ersten *Harry Potter*-Bandes für den Bloomsbury-Verlag erwarb, oder wie Ion Țiriac und Günther Bosch nach Boris Beckers erstem Wimbledon-Sieg? Wir wissen es nicht. Doch denkbar wäre es allemal.

Gewiss: Taylor Swift ist – und das seit *1989*, ihrem 2014 erschienenen Über-Popalbum mit seinen beiden Über-Pop-singles »Blank Space« und »Shake It Off« – mit keinem üblichen Maßstab mehr zu fassen. Doch sollten wir genauer hinschauen. Dann nämlich erkennen wir: Swifts Ausnahmestatus verdankt sich zu wesentlichen Teilen der von der Künstlerin seit jeher ebenso konsequent wie virtuos betriebenen Einschränkung, wenn nicht gar Leugnung desselben. »Ich bin eine von euch«, lautet die Kernbotschaft, die sie bei allem, was sie tut, mitkommuniziert. Ihre Gefolgschaft nimmt sie ihr ab, und das jederzeit. Was dem ausgewiesenen Swift-Fan Bruce Springsteen (»She's super talented and a tremendous writer«) mit seiner ausgestellten Bodenständigkeit in Jeans und T-Shirt gelingt, gelingt Swift selbst in jenen Momenten, in denen ihr jedwede Bodenständigkeit abzugehen scheint – etwa wenn sie in strassbesticktem Glitzerbody, Netzstrumpfhose und silbernen kniehohen Boots 70 000 frenetische Fans dazu auffordert (als ob das nötig wäre!), mit ihr gemeinsam die – phantastische! – Bridge von »Cruel Summer« (»I'm drunk in the back of the car«) zu singen. Eine bemerkenswerte Leistung, die ihr nur deshalb möglich ist, weil sie für ihre Fans als Mensch mit nur allzu menschlichen Problemen und Fehlern so äußerst greifbar ist. Erinnert sei hier an das seit der Antike geltende Anforderungsprofil von Held:innen, das in nur leicht variierter Form letztlich auch das von Stars ist: Sie müssen tapferer, stärker und schöner sein als wir, damit wir zu ihnen aufschauen können. Sie müssen zugleich aber noch in unserer Liga spielen, damit wir uns mit ihnen identifizieren können.

Natürlich ist es zumal Swift selbst, die Letzteres garantiert. Schließlich fußt ihre Karriere seit Beginn darauf, dass sie ihr Innerstes, ihre Verletzlichkeit und ihre Enttäuschungen, aber auch ihre Abgründe, offenlegt und in zutiefst subjektive Kunst verwandelt. Als Anspieltipp sei hier die Zehn-Minuten-Version von »All Too Well« empfohlen. Doch Swift wäre nicht Swift, das geniale Mastermind, das die Puppen tanzen lässt, wenn sie es bei Song gewordenen Herzensergießungen beließe. Stattdessen beobachtet sie, und zwar aufs Genaueste, die Reaktionen der Öffentlichkeit auf ihre musikalischen Bekenntnisse und anderweitigen Performances, um im Anschluss daran wiederum Kunst über diese Reaktionen zu schaffen. »Blank Space« und »Who's Afraid of Little Old Me?« geben Paradebeispiele für diese Strategie ab, die niemand so perfekt beherrscht wie Swift und mittels derer sie entschieden Einfluss auf die Wahrnehmung ihrer Person nimmt.

»It's me / Hi! / I'm the problem, it's me«, singt sie in »Anti-Hero«, wohlwissend, dass ihr Eingeständnis, selbst das Problem zu sein, sowie die schonungslose Auflistung der eigenen Schwächen und Untugenden ihr in die Karten spielen bzw. der Problemlösung dienen. Denn wer wüsste nicht, dass die Selbstanklage ein probates Mittel ist, um als authentisch und aufrichtig wahrgenommen zu werden? Swift, an die von verschiedenen Seiten immer wieder Fake- und Lügenvorwürfe ergehen (»Sie ist gar keine richtige Feministin!«, »Wie überrascht sie immer tut, wenn sie wieder einen Preis bekommt!«), bedient sich dieses Mittels frei heraus, denn als authentisch und aufrichtig wahrgenommen zu werden, ist für ihren Erfolg seit jeher essentiell. Sie gehört ausdrücklich nicht zu den großen postmodernen Kunstfiguren des Pop, bei denen allein die sicht- und hörbare Oberfläche zählt und der ›Mensch dahinter‹ schnurzegal ist. Sie ist keine Lady Gaga und auch keine Lana Del Rey (mit der gemeinsam sie im Duett »Snow on the Beach« zu hören ist), und sie ist erst recht kein David Bowie. Sie verkleidet, sie tarnt, sie kostümiert sich nicht, mögen ihre Kostüme mitunter auch reichlich schrill ausfallen. Und anders als etwa Mariah Carey, Adele oder Beyoncé wird sie auch kaum jemand als Diva bezeichnen. Hierzu fehlen ihr allein schon der Glamour sowie die zur Schau gestellte Perfektion. Doch dazu später mehr. An dieser Stelle sei nur noch einmal das Selbstverständliche festgehalten: Als makellose Göttin, aber natürlich auch als Musikerin, bei der es allein ums Musikalische geht, wäre Taylor Swift nie zu ›Taylor Swift‹ und damit jenem »monster on the hill« geworden, das im März 2023 Glendale, Arizona, um seinen Namen brachte. Auch hätte sie das *Time Magazine* wenige Monate später nie und nimmer zur »Person of the Year« erklärt.

Aus dem bereits Gesagten dürfte es implizit schon hervorgegangen sein: dass wir uns Popmusik, wie es bei dem Poptheoretiker Diedrich Diederichsen heißt, als einen »Zusammenhang aus Bildern, Performances, (meist populärer) Musik, Texten und an reale Personen geknüpften Erzählungen« vorzustellen haben. Wer wollte das in Zweifel ziehen, und noch dazu im Falle von Taylor Swift? Das Ziel, das ich mit diesem

Band verfolge, wäre demnach klar: die (nicht meist, sondern durchweg populäre) Musik Swifts mit ihren klanglich-sonischen und lyrischen Angeboten als Popmusik zu behandeln, das heißt in ihrem Zusammenspiel mit all den anderen von Diederichsen genannten Konstituenten. Um diesem Ziel möglichst nahezukommen, setze ich insgesamt drei Schwerpunkte. Den Anfang bildet – erwartungsgemäß – die ausführliche Besprechung von Swifts musikalischem Schaffen, bei der ich ganz konventionell vorgehe, nämlich chronologisch und Album für Album. Mit Swift und ihren Fans könnte man auch sagen: Ära für Ära. Im Anschluss daran wird Swifts Performance ›auf anderen Bühnen‹, das heißt in drei weniger ästhetischen bzw. musikzentrierten denn politischen Zusammenhängen, einer Sichtung unterzogen. Zur Diskussion stehen hierbei ihr Engagement gegen Donald Trump und den Trumpismus sowie ihr Eintreten für feministische Belange einerseits und LGBTQ-Rechte andererseits. Mit dem dritten Abschnitt wechsle ich schließlich die Perspektive und widme mich jener Gruppe, deren wachsende Bedeutung bei der Diskussion des Phänomens ›Taylor Swift‹ schwerlich überschätzt werden kann – und zu der ich mich, wiewohl spät bekehrt, mittlerweile auch zähle: den Swifties.

13

Ära für Ära

Vom Country-Star ...
— ○○●Ⓣ Ⓐ Ⓨ Ⓛ Ⓞ Ⓡ-Ⓢ Ⓦ Ⓘ Ⓕ Ⓣ●○○ —

Swifts Karrierebeginn fiel in eine Zeit, in der Country längst keine Nischenmusik mehr war, der man aus dem Weg gehen konnte, wenn man spezielle Sender oder Orte wie Nashville mied. Country war – das gaben die nackten Verkaufszahlen wieder – im Mainstream angekommen. Mit Carrie Underwood gewann eine Country-Sängerin 2005 *American Idol*, mit *Me and My Gang* von den Rascal Flatts sowie Underwoods *Some Hearts* rangierten 2006 zwei Country-Alben auf Rang 2 und 3 der Billboard-Jahresverkaufscharts, und Rockröhre Jon Bon Jovi sang im selben Jahr mit Country-Star Jennifer Nettles erfolgreich im Duett (»Who Says You Can't Go Home«). Darüber hinaus hatte sich Country zu einem US-Exportschlager entwickelt. Selbst in Deutschland, wo die aus Maschen bei Hamburg stammende Band Truck Stop mit Songs wie »Ich möcht' so gern Dave Dudley hör'n« oder »Take It Easy, altes Haus« das Genre für viele nachhaltig in Verruf gebracht hatte, hörte man mittlerweile Country. Dafür hatten primär Musikerinnen gesorgt, die bereits genannte Faith Hill etwa, vor allen Dingen aber die Dixie Chicks und Shania Twain, die Swift in jungen Jahren begeisterten und ihr als Vorbilder dienten. Ich erinnere mich noch gut: Twains 1997er Hit »Man! I Feel Like a Woman« mit seinem lässigen »Spirit in the Sky«-Gitarrenriff, aber auch das dazugehörige ziemlich gewitzte Video wurden damals in Deutschland rauf und runter gespielt – dies selbstverständlich auch deswegen, weil der Song die Genregrenzen entschieden in Richtung Pop dehnte. Country, diese traditionsbewusste Musik für traditionsbewusste Amerikaner:innen, klang und gab sich bei der Kanadierin Twain nicht mehr ganz so traditionsbewusst, nicht mehr ganz so republikanisch. Ohne Abstriche lässt sich dies auch für Swifts frühe Alben behaupten, für das schlicht *Taylor Swift* betitelte Debüt von 2006, vor allem aber für dessen Nachfolger *Fearless* von 2008. Mit Ersterem wurde Swift zum Country-Star, mit Letzterem der Country-Star Swift zum Weltstar.

Was uns in anderen Künsten eher selten begegnet – dass das Erstlingswerk weit mehr ist als ein bloßes Versprechen an die Zukunft, sondern das Kommende genaugenommen bereits vollumfänglich und auf hohem Niveau enthält –, hat in der Pop- und Rockmusik durchaus Tradition. Man denke an die Debütalben von den Doors, Jimi Hendrix, Velvet Underground, Leonhard Cohen, Black Sabbath, Bruce Springsteen, Patti Smith, Kate Bush, den Dire Straits, Metallica, den Beastie Boys, Oasis, Eminem, den Strokes, Beyoncé, Adele, Lana Del Rey und Dua Lipa. Obgleich ich nicht so weit gehen würde wie der amerikanische *Rolling Stone*, der Swifts Erstling 2022 in seiner »100 Best Debut Albums of All Time«-Liste auf Platz 32 und damit vor den Debüts der allermeisten der genannten Musiker:innen und Bands führte, so steht dennoch außer Frage: *Taylor Swift* ist ein Ausnahmedebüt, das in diese Liste gehört,

Taylor Swift, 2006

ein Swift-Album durch und durch, zudem ein Album – und das ist das Entscheidende –, in dem die (Früh-)Reife der Künstlerin Swift mit der Unreife der Teenagerin Swift aufs Harmonischste zusammengeht. Musikalisch und kompositorisch hat es nämlich rein gar nichts von einem Anfängerinnen- oder Jugendwerk. Zugleich profiliert sich Swift mit ihm als authentische Stimme der Jugend – und das mit Texten über deren Irrungen und Wirrungen in Liebesangelegenheiten und mit einer Gesangsstimme, die erkennbar die einer Jugendlichen ist. Swift war nie eine LeAnn Rimes, die mit 16 »Blue« sang und dabei wie Patsy Cline klang.

Viele Banjo-, Fiddle- und Slidegitarrenklänge, Twang bis zum Anschlag, ein angelegter Südstaatenakzent und mindestens vier große Songs finden sich auf *Taylor Swift*: Da wäre die

Ballade »Teardrops on My Guitar«, die von unerwiderter Liebe erzählt und im Refrainausklang melodisch Swifts *opus magnum* »All Too Well« vorwegnimmt; da wäre die rockige Rache-Phantasie »Picture to Burn«, in der der Hass auf den Ex auch nicht vor dessen »stupid old pickup truck / you never let me drive« haltmacht; da wäre die in ihrer Gutlaunigkeit anstekende Midtempo-Nummer »Our Song«, in deren Strophe Swift erstmals eine der für sie typisch werdenden One-Note-Melodien zum Einsatz bringt und deren Refrain die Frage aufwirft (aber unbeantwortet lässt), warum man am Telefon »real slow« (statt »real low«) zu sprechen habe, wenn es die Mutter nicht mitkriegen soll; und da wäre natürlich »Tim McGraw«, der Opener, die erste Single und zugleich das Prunkstück des Albums, das Swift während einer Mathestunde schrieb. Als der reale Tim McGraw, damals noch ein Riesenname im Country-Bereich, den nostalgischen Rückblick auf eine zu Ende gegangene Liebesbeziehung erstmals hörte, ahnte er bereits, dass eine Wachablösung zu seinen Ungunsten ins Haus stand. Zweifellos: Mit »Tim McGraw«, den Maggie Rogers 2018 hinreißend schön coverte, ließ Swift als Songwriterin zum ersten Mal im großen Stil ihre Muskeln spielen. Und schon die Eingangszeilen des Stücks machten klipp und klar, dass man ihr, mochte sie auch erst 16 Jahre alt sein, kein X für ein U vormachen konnte: »He said the way my blue eyes shined / Put those Georgia stars to shame that night / I said, ›That's a lie‹.«

Taylor Swift war das, was man einen *grower* nennt. Es dauerte einige Zeit, bis das Album seine volle Wirkung entfaltet hatte, auch dank Swifts im konservativen Country-Bereich bis dahin völlig unüblichen Social-Media-Aktivitäten auf MySpace und ihrem unermüdlichen Klinkenputzen bei jedem noch so kleinen Radiosender. Am Ende waren über sieben

Millionen Exemplare verkauft, die Marke Swift in Nashville und allem, wofür die Music City stand, etabliert. Der nächste Schritt, so die allgemeinen Erwartungen, würde groß werden. Und er wurde groß.

... zum Weltstar
— ⊙∘●ⒻⓔⒶⓇⓁⒺⓈⓈ●∘⊙ —

»He's a jackass.« Wer sagte das? Kein Geringerer als US-Präsident Barack Obama. Wen meinte er? Kanye West. Und warum nannte er ihn einen Volltrottel? Die Antwort in Kurzform: Der sich schon damals regelmäßig als knallköpfiger Troublemaker gerierende, später mit unverblümt rassistischen und antisemitischen Aktionen und Statements um Aufmerksamkeit buhlende Rapper hatte 2009 während der MTV Video Music Awards für einen handfesten, hohe Wellen schlagenden Skandal gesorgt. Als Swift in der Kategorie »Best Female Video« ausgezeichnet wurde und sich die damals 19-Jährige hierfür bedankte, tauchte West plötzlich neben ihr auf der Bühne auf, riss ihr mitten im Satz das Mikro aus der Hand und erklärte dem verdutzten Publikum, statt Swift habe Beyoncé den Preis verdient. Dass Letztere um Wests anmaßende, breitbeinig-männliche Intervention nicht gebeten hatte, versteht sich von selbst; dass sie, als sie später am Abend ihrerseits gekürt wurde, Swift auf die Bühne bat, damit diese ihre Dankesrede halten konnte, sei hier ausdrücklich festgehalten. Wests Versuch, zwei Frauen gegeneinander auszuspielen, wurde also denkbar stilvoll vereitelt. Und ja: Beyoncés »Single Ladies«-Video ist – wie der Song selbst – fabelhaft. Völlig zu Recht wurde es zum »Video of the Year« gekürt.

mtv Video Music Awards 2009: Kanye West kapert Swifts Dankesrede.

Zehn Monate vor »Kanyegate«, im November 2008, war *Fearless*, Swifts Sophomore-Album, erschienen, und das verhielt sich zum ersten in etwa so wie *(What's the Story) Morning Glory* von Oasis zu deren Debüt *Definitely Maybe*. Das will zunächst einmal sagen: Auf den bereits großen Erfolg des stilbildenden Erstlings folgte der Welterfolg des zweiten Albums, das die ›Formel‹ des ersten wiederholte, allerdings in perfektionierter Form. Hinzu kommt aber noch: Wie *Morning Glory* mit dem hymnischen »Don't Look Back in Anger« präsentierte *Fearless* mit der nur unwesentlich weniger hymnischen *Romeo und Julia*-Adaption »Love Story« ein Monument melodischer Einfachheit, das als Song ganz und gar unwiderstehlich ist und es einem schwermacht, zu glauben, dass es seine catchy Hookline nicht schon lange vorher gegeben hat. Für Noel Gallagher, den Kopf von Oasis, bildete »Don't Look Back in Anger« den Höhepunkt seiner Songwriterkunst, den er im Anschluss wieder und wieder vergeblich zu wiederholen suchte. Für Swift bildete »Love Story« den Ausgangspunkt für neue Großtaten, die sie textlich wie musikalisch in gänzlich andere Gefilde führen sollten. Der im Refrain verwendeten I-V-vi-IV-Akkordfolge blieb sie allerdings auch weiterhin treu. Man staunt: Über 20-mal griff Swift bis dato auf diese auch als »Axis progression« bekannte Akkordfolge zurück, die aus der Popmusik schon seit Jahrzehnten nicht mehr wegzudenken ist. Sie leistete den Beatles in »Let It Be« gute Dienste, John Denver verdankte ihr seinen Welthit »Take Me Home, Country Roads«, und U2 schickten sie in »With or Without You« in Dauerschleife. Bei Swift ist sie neben »Love Story« unter anderem in so unterschiedlichen Songs wie »Teardrops on My Guitar«, »The Archer«, »Change«, »I Knew You Were Trouble«, »All Too Well«, »Out of the Woods« und »Champagne Problems« zu hören. Merke: Wer musikalische Plagiatsklagen zu führen gedenkt, sollte dies nicht allein auf Basis von identischen Akkordfolgen tun.

Swifts zweite Lieblingsakkordfolge ist I-V-ii-IV, rund um den Globus bekannt geworden durch Chers Auto-Tune-Pioniertat »Believe«. Ihr begegnen wir ebenfalls über 20-mal, beispielsweise in »Tied Together With a Smile«, »Treacherous«, »Wildest Dreams«, »I Know Places«, »Getaway Car«, »Daylight« und »Bigger Than the Whole Sky«, aber auch in mehreren

Fearless-Songs, so unter anderem im Titelstück sowie dem neben »Love Story« zweiten Megahit des Albums, »You Belong With Me«. In ihm schlüpft Swift in die Rolle der unerwidert Liebenden, deren Crush sich für das falsche Mädchen, offenbar die Queen Bee der Highschool, entschieden hat. Dabei ist doch sonnenklar: Sie, die T-Shirt und Sneakers statt Minirock und High Heels Tragende, würde viel besser, nein: perfekt zu ihm passen. »So why can't you see? / You belong with me.« Ganze elfmal wiederholt sie die titelgebenden vier Wörter, die dadurch, bei Licht besehen, nicht überzeugender werden. Oder anders, drastischer: Aufgrund vergleichbarer Gefühlslagen des Sich-zurückgesetzt-Fühlens steht in Brian De Palmas Highschool-Horrorfilmklassiker *Carrie* am Ende der Abschlussball in Flammen. Das brave, Swift in Doppelrolle als blonde, nerdig bebrillte Schmachtende sowie schwarzhaarige Queen Bee zeigende Video von »You Belong With Me« will von derlei Abgründen verständlicherweise nichts wissen. Wohl auch deswegen wurde es bei den MTV-Awards ausgezeichnet.

Mit *Fearless* »hat Taylor eine der mächtigsten, doch am meisten missverstandenen Kräfte des Universums in eine Flasche abgefüllt: TEENAGE GIRL ENERGY!« Natürlich empfiehlt sich uns diese These der Swift-begeisterten Journalistin Nora Princiotti mit einem gewissen Augenzwinkern, und doch trifft sie den Nagel auf den Kopf. Mithin ist es kein Wunder, dass es zum allergrößten Teil weibliche Jugendliche waren, die das Album nicht nur kauften, sondern ihm, pathetisch formuliert, Einlass in ihr von den Stürmen der Pubertät aufgewühltes (Gefühls-)Leben gewährten. Swifts Zweitling verdankt seinen Megaseller-Status also einer Zielgruppe, der man (bzw. Mann) seit jeher weißzumachen versucht, dass das, wofür sie sich begeistert, (pop-)kulturell und auch in anderer Hinsicht

Fearless, 2008

nicht ernstgenommen zu werden braucht. Ist man sich dessen bewusst, überrascht es einen nicht im Geringsten, dass die erste Platte Swifts, die auf der seit Jahren schon einflussreichen Von-Männern-für-Männer-Musikwebsite *Pitchfork* einer Rezension für würdig befunden wurde, nicht *Taylor Swift*, nicht *Fearless*, nicht *Speak Now* und auch nicht *Red* war, sondern der Geniestreich *1989* – freilich in der Version von Ryan Adams ... Hierzu später mehr. Zu *Fearless*, das sich fast zwölf Millionen Mal verkaufte, nur noch zwei kurze Sätze: Knapp fünf Monate nach »Kanyegate« gewann Swift mit ihm, und zwar als bis dahin jüngste Künstlerin überhaupt, ihren ersten Grammy in der Kategorie »Album of the Year«. Nominiert war unter anderem auch das mindestens ebenbürtige *I Am ... Sasha Fierce* von Beyoncé.

»Ich kann es nicht leiden, wenn sich Künstler auf diese fast schon Trump'sche Art und Weise Dinge einfach ausdenken!« Das hätte sich Damon Albarn, der Kopf der Britpopband Blur und der Gorillaz, wohl auch nicht träumen lassen: dass ihn Superproduzent Jack Antonoff einmal in die Nähe von Donald Trump rücken würde, und das auch noch zu Recht! Was war passiert? Albarn hatte 2022 in einem Interview mit der *Los Angeles Times* behauptet, Taylor Swift würde ihre Songs nicht selbst schreiben. Swifties in aller Welt waren empört, ebenso zahlreiche Musiker:innen, die es besser wussten (wie beispielsweise Antonoff, mit dem Swift seit 2013 regelmäßig zusammenarbeitet), aber auch Swift selbst zeigte sich wenig amused: »Du musst meine Songs nicht mögen, aber es ist wirklich mies, dass du versuchst, mein Songwriting zu diskreditieren«, twitterte sie an Albarn und schob in einem weiteren Tweet süffisant hinterher: »PS: Ich habe diesen Tweet ganz allein geschrieben, falls du dich wunderst«. Die Entschuldigung des ehemaligen Britpoppers, der unter anderem für »Song 2« (»Woo-hoo!«) mitverantwortlich zeichnete, folgte auf den Fuß.

Swift ihren Songwriterstatus abzusprechen, war gut zehn Jahre, bevor Albarn sich damit in die Nesseln setzte, gang und gäbe. Noch nach dem Erscheinen von *Fearless* geschah es regelmäßig, was die Künstlerin schon damals nachhaltig ärgerte. Ihre Reaktion: Sie schrieb *Speak Now*, ihr drittes Album, völlig allein und trug damit die Hauptverantwortung für die Abkehr vom Country-Genre, für die sie mit diesem Longplayer weit mehr als nur den Grundstein legte.

Speak Now, 2010

Genaugenommen verdient nur ein einziger *Speak Now*-Song das Country-Label, und das ist die Single »Mean« mit ihrer Banjo- und Fiddle-seligen Bluegrass-Herrlichkeit und ihrer mit Verve betriebenen Übererfüllung jedweder Erwartungen, die musikalisch an einen Country-Song gestellt werden. Mit anderen Worten: Swift zelebriert ihren Abschied von Nashville mit einer im Modus des ›Too much‹ operierenden Parodie eines Country-Songs, die aber – und das ist das Bemerkenswerte – zugleich bestens als ein ebensolcher funktioniert. Das sah 2014 auch der amerikanische *Rolling Stone* so: Er wies »Mean« in seiner Liste der »100 Greatest Country Songs of All Time« den 24. Platz zu und bestätigte damit implizit die Entscheidung der Grammy-Jury, die den Song 2012 zum besten Country-Song des Jahres erklärt hatte – sehr zum Ärger von

Bob Lefsetz. Der einflussreiche Musikblogger war zum unge-
wollten Geburtshelfer von »Mean« geworden, und zwar dadurch, dass er verkündet hatte, Swift würde bei ihren Live-
Auftritten Auto-Tune verwenden, um ihre stimmliche Limi-
tiertheit zu vertuschen. Erwiesenermaßen war das eine
Unwahrheit, die zu verbreiten schlicht *mean* war, worauf Swift
zur Gitarre griff und Lefsetz mit »Mean« ein musikalisches
Denkmal setzte, auf das er gewiss sehr gern verzichtet hätte
(»All you are is mean / And a liar, and pathetic, / And alone in
life, and mean / And mean, and mean, and mean«). Man versteht, warum Damon Albarn auf seine Entschuldigung nicht
lange warten ließ ...

Müsste man sich für den besten Song von *Speak Now* ent-
scheiden, so hätte »Mean« vor allen Dingen die Konkurrenz
von »Enchanted« zu fürchten, einer orchestral arrangierten,
streichergesättigten Hymne der Extraklasse, die im Swift-Ka-
non weit oben rangiert. Episch und breitwandig angelegt, ex-
plodiert sie nach der Strophe in einen der besten Refrains
Swifts förmlich hinein, und wenn es dann über das in seiner
Einfachheit nur umso mehr strahlende Gitarrensolo (Swifts
langjähriger Gitarrist Paul Sidoti mag eigenwillig frisiert sein,
an seinem Instrument ist er seit jeher eine Bank!) in die Bridge
geht, wird deutlich: den Titel »Queen of Bridges« trägt Swift
nicht umsonst. Dennoch bildet »Enchanted« nicht das Herz-
stück von *Speak Now*. Diese Ehre kommt dem fünften Song
zu, ihrem musikalischen *Dear John Letter* »Dear John«.

Wer auch nur rudimentär mit dem Taylorverse vertraut ist,
die bzw. der weiß: Song 5 eines Swift-Albums ist grundsätz-
lich der ›besondere‹ Song. Es ist der Song, in dem sich die
Künstlerin am offensten, schonungslosesten und, wie gern gesagt wird, verletzlichsten zeigt, wobei hinzugefügt werden

muss: Es waren die Swifties, denen auffiel, was Swift selbst lange Zeit gar nicht bemerkt hatte. Erst seit *Lover* (mit »The Archer« an fünfter Position) platziert sie den »Track 5« bewusst. Allerdings sind sich die Fans völlig einig darüber, dass zwei frühere fünfte Songs den Track-5-Status am würdigsten repräsentieren: zum einen »All Too Well« von *Red*, zum anderen »Dear John«. Bei beiden Songs handelt es sich um Auseinandersetzungen mit gescheiterten Beziehungen der realen Swift, in beiden Songs werden diese retrospektiv als toxisch ausgewiesen, beide lassen den Ex-Partner, *Brokeback Mountain*-Schauspieler Jake Gyllenhaal in »All Too Well«, Musikerkollege John Mayer in »Dear John«, alles andere als gut dastehen. Dass eine Zeitlang der Spruch »If you date Taylor Swift, she will write a song about you« kursierte, verdankt sich nicht zuletzt diesen beiden Liedern.

Auch wenn es Swifties nicht gern hören werden: Kompositorisch ist »Dear John« kein allzu großer Song, und das trotz seiner – wie könnte es anders sein – großen Bridge und seines markanten Gitarrenlicks, das ältere Hörer:innen hierzulande an jenes aus Peter Maffays frühem Hit »Und es war Sommer« erinnern dürfte. Ja, in seiner überraschungsfreien dreivierteltaktigen Getragenheit ist das knapp siebenminütige und damit längste Stück des Albums über weite Strecken geradezu ein wenig langweilig. Und doch kann von »cheap songwriting«, so Mayers Votum, nicht die Rede sein. Das Gegenteil trifft es viel eher. Swift betreibt mit »Dear John« nämlich musikalische Mimikry, indem sie ihre gnadenlose textliche Abrechnung mit Mayer und dessen »dark, twisted games« in ein musikalisches Gewand hüllt, das einem seiner Songs bestens zu Gesicht stünde. Genauer: Sie imitiert, und zwar vor allem in der Sologitarrenphrasierung, Mayers gediegenen soulig-bluesigen Kuschelrock zumal von dessen Erfolgsalbum *Continuum*. Auf ihm befindet sich unter anderem »Gravity«, ein gemächliches Dreivierteltakt-Stück, das Mayer wiederholt als sein wichtigstes bezeichnete. Auch deswegen dürfte es Swift als den zentralen Referenzpunkt für ihren ›Mayer‹ ausgewählt haben, mit dem sie ihren 13 Jahre älteren Ex-Freund auch musikalisch ziemlich alt aussehen ließ.

Mit *Speak Now* lieferte Swift ihr bis dahin überzeugendstes Album ab. Zudem war mit ihm – das zeigt »Dear John« beispielhaft – eine neue Realität ins Haus Swift eingezogen. ›Echte‹ Beziehungen, noch dazu zu Personen des öffentlichen Interesses, lieferten der Hausherrin das Substrat für ihre Songs. Vorbei die Zeit, in der von Highschool-Archetypen gesungen und Shakespeares berühmtester Liebestragödie ein Happy End verpasst wurde. »Eine Geschichte vom Erwachsenwerden, vom Umherflattern, Fliegen und Abstürzen ... und vom Leben, um darüber zu sprechen« – das, so Swift, sei *Speak Now*, dessen besondere Intimität und Offenheit bei den Fans verständlicherweise bestens ankamen. Der Verkaufserfolg war entsprechend erneut enorm, und auch die Kritiken fielen insgesamt gut aus: Man wusste Swifts in jeder Hinsicht erwachseneren Zugriff zu schätzen. Eines wird die notorisch ehrgeizige, bis heute unstillbar preis- und auszeichnungshungrige Singer-Songwriterin allerdings gewurmt haben: dass *Speak Now* bei den Grammy-Verleihungen in der Kategorie »Album of the Year« nicht einmal nominiert worden war. Ein noch gravierenderer Kurswechsel tat not.

Red ist Swifts *Revolver*. Wer das Beatles-Album von 1966 kennt, die bzw. der weiß, was damit gemeint ist: Wie *Revolver* setzt *Red* offensiv auf musikalische Heterogenität. »Ich sehe dieses Album als mein Splatter-Paint-Album, bei dem ich alle Farben verwende und an die Wand klatsche, um zu sehen, was hängen bleibt«, gab Swift bei dessen Erscheinen zu bedenken. Wie *Revolver* präsentiert sich *Red* als Zwischen-den-Stühlen- bzw. In-Between-Platte, mit einem Bein im musikalisch Bewährten und hinreichend Erprobten stehend, mit dem anderen weit ins musikalische Neuland bzw. dorthin ausschreitend, wohin die Reise mit dem Nachfolgewerk gehen sollte. Zugegeben: Im Fall der Beatles war dies Pop, wie man ihn zuvor noch nicht gehört hatte, im Falle Swifts Pop, wie man ihn zuvor von seiner Schöpferin noch nicht gehört hatte. Und nicht zuletzt: Wie *Revolver* wird *Red* trotz oder gerade wegen seiner klanglichen Inkonsistenz von Fans und Kritik gefeiert. Gilt *Revolver* vielen als bestes Beatles-Album, wird *Red* nicht selten als bestes Swift-Album gehandelt – und das mit guten Argumenten, von denen eines der schlagkräftigsten »All Too Well« heißt. Es ist der ultimative Track 5, Swifts definitives Breakup-Stück und zudem der Song, der in fast allen Best-of-Taylor-Swift-Rankings an erster Stelle geführt und von den Swifties am Innigsten geliebt wird. Schon wer ihn ›nur‹ an zweiter Stelle sieht, gerät in Rechtfertigungsnot.

Worum geht es in dem Song? Um die schmerzhafte Erinnerung an eine Beziehung, deren Auseinanderbrechen, wiewohl lange her, noch nicht verwunden ist. Man könnte auch sagen: um das Heimgesuchtwerden durch das Einst, das partout nicht vergehen will. »Time won't fly, it's like I'm paralyzed by it / I'd like to be my old self again / But I'm still trying to find it«, singt Swift, nachdem sie das Auf und Ab der Beziehung schlaglichtartig anhand einzelner Erinnerungsbilder hat Revue passieren lassen. Eindeutiger, auch musikalisch als solcher markierter Höhepunkt ist hierbei das Schlussmachen durch den Partner. Es wird von Swift in zwei Zeilen gefasst, die es – zumal gesungen – in sich haben. Die erste schreit sie beinahe, die zweite bringt sie in wütender Verzweiflung: »And you call me up again just to break me like a promise / So casually cruel in the name of being honest«.

Wie bereits angemerkt, verbirgt sich hinter dem »you«, ohne dass sein Name genannt werden würde, Jake Gyllenhaal, dessen rot bzw. *red* durchgestrichenes Konterfei in Swiftie-Kreisen so manches T- und Sweatshirt ziert. Dass der Schauspieler definitiv keinen Grund zur Freude hatte, als seine Ex im Jahr 2021 ihr Re-Recording von *Red* als *Red (Taylor's Version)* herausbrachte, versteht sich von selbst – zum einen, weil er sich durch die Veröffentlichung nach fast zehn Jahren abermals öffentlich an den Pranger gestellt sah (so wie John Mayer 2023 durch die Neuaufnahme von *Speak Now*), zum anderen, weil das neue Album mit einem auf zehn Minuten gedehnten »All Too Well« aufwartet, in dem die Abrechnung mit Gyllenhaal noch entschieden schärfer ausfällt als im gut fünfminütigen Original. Als Single erschienen, schoss die Langfassung an die Spitze der Billboard Hot 100 (das Guinness-Buch der Rekorde weist sie als längste Nummer 1 vor Don McLeans achteinhalbminütigem »American Pie« aus) und gilt mittlerweile als ›eigentliche‹ Version des Songs. Doch damit nicht genug: Zu guter Letzt drehte Swift, deren Ambitionen als Filmemacherin seit Ende der 2010er Jahre immer klarer zu Tage treten, unter

Red, 2012

eigener Regie auch noch einen vielfach ausgezeichneten Kurzfilm zum neuen »All Too Well«, das sie gemeinsam mit dem Film in einem gefeierten Auftritt bei *Saturday Night Live* vorstellte.

Zu dieser Zeit war Swifts Schal, der in »All Too Well« eine so zentrale Rolle spielt, längst eine Legende. Den Lyrics zufolge wird sein Verbleib bei Gyllenhaal vermutet (»And you've still got it in your drawer even now«), der ihn umgehend zurückzugeben habe. Dies zumindest fordern Swifties bis heute, unter anderem per – natürlich nicht ganz ernstgemeinter – Petition (»Jake, give Taylor back her scarf. You've been so casually cruel in the name of being honest. Besides, it looks so much better on her!«). Erwartungsgemäß entwickelte sich das Kleidungsstück in seiner Merch-Version zum Verkaufshit. Sollte das Original je wieder auftauchen, ist ihm ein prominenter Platz im Museum of Pop Culture in Seattle sicher.

So grandios das majestätisch vorwärtsrollende »All Too Well« mit Swifts unübertrefflichen gesanglichen Melodievariationen über dem akkordischen Immergleichen auch sein mag – mit ihm, aber auch mit anderen *Red*-Tracks wie dem Banjo, Auto-Tune und Rockgitarren amalgamierenden Titelstück, der zarten Country-Ballade »Begin Again« oder dem mit Ed Sheeran im Duett gesungenen »Everything Has Changed« bewegt sich Swift musikalisch noch in den ihr vertrauten Gefilden. Mit dem minimalistischen Rocker »Holy Ground«, dessen insistierende Drums und trockene Gitarren nicht allzu entfernt an Billy Idols Gassenhauer »Rebel Yell« erinnern, wagt sie sich schon etwas weiter hinaus. Voll und ganz verlässt sie ihre Komfortzone schließlich mit dem glanzvollen Song-Dreigespann »We Are Never Ever Getting Back Together«, »22« und »I Knew You Were Trouble«, für das sie sich mit den schwedischen Erfolgsproduzenten Max Martin und Shellback zusammentat. Ihr Ziel: die konsequente Erweiterung ihrer Soundpalette in Richtung Pop. Das gelang bravourös, im Swift'schen Schaffen brach eine neue Zeitrechnung an, und das regelrecht krachend. Man denke hier nur an die wie aus dem Nichts kommende Dubstep-Attacke im Refrain von »I Knew You Were Trouble«, der dritten Single des Albums, die dessen sonische Heterogenität auf Songebene wiederholt.

Dass *Red* Neues bieten würde, versprach bereits die vorab veröffentlichte Leadsingle »We Are Never Ever Getting Back Together«, die mit ihrer elektronisch verfremdeten Folkgitarre in der Strophe, vor allem aber ihrer ikonisch gewordenen »Wee-ee«-Superhook im Refrain an Catchiness kaum zu toppen ist. Textlich geht es einmal mehr um das Ende einer Beziehung. Ja, man könnte vom bestens gelaunten kleinen Bruder von »All Too Well« sprechen. Schließlich klingt der Breakup hier wie eine rauschende Party, zu der wir in dem herrlich verrückten und bestens choreographierten, in nur einer Einstellung gedrehten Video explizit eingeladen werden. Zudem geht es erneut um Gyllenhaal, und der steht einmal mehr nicht eben gut da. Diesmal lernen wir ihn unter anderem als Musiksnob kennen, der Swift vorhält, die arkane Indie-Musik, auf die er stehe, sei »much cooler« als ihre. Schenkt man der Singer-Songwriterin Glauben, so spornte sie genau diese Haltung an, mit »We Are Never Ever Getting Back Together« einen Song zu schreiben, den Gyllenhaal hassen und der in Dauerschleife im Radio laufen und dem Ex dadurch furchtbar auf die Nerven gehen würde. Das dürfte ihr geglückt sein: Als erster Swift-Song überhaupt erreichte das Stück in den Billboard Hot 100 Platz 1 (bis zu *Midnights* sollten noch acht weitere folgen).

Bedenken, die Fans würden ihrem Idol auf dem Weg in den Pop die Gefolgschaft aufkündigen, waren mit dem Chart-Erfolg von »We Are Never Ever Getting Back Together«, »I Knew You Were Trouble« und »22« weitgehend vom Tisch. Die Zusammenarbeit mit Martin und Shellback hatte sich bestens bewährt und bezahlt gemacht. Entsprechend wird sich Swift gedacht haben: Beim nächsten Album kann aufs Ganze gegangen werden. Dazu sah sie alsbald auch allen Anlass. Der Grund: *Red* verlor bei den Grammys in der Kategorie »Album of the Year« gegenüber Daft Punks auch bei neutralstem Licht nicht im Mindesten konkurrenzfähiger Retroplatte *Random Access Memories*. Wie Swift zugab, war sie darüber am Boden zerstört.

Der Mensch ist ein Kontrastwesen. Um das Gute schätzen zu können, muss er das Schlechte kennen. Gemäß diesem Grundsatz höre man sich Swifts 2008er Hit »Love Story« im »J Stax Radio Mix« an. Was für ein verzweifelter und zugleich atemberaubend missglückter Versuch, die damals noch im Country beheimatete Swift mit der Produktionsbrechstange ins Popterrain zu pressen! Und was für ein lehrreiches Beispiel dafür, dass selbst die besten Songs fürchterlich klingen, wenn sich inkompetente Produzent:innen an ihnen vergehen! Glücklicherweise bildet die genannte »Love Story«-Version einen Solitär im Schaffen Swifts, das mit dem 2014 erschienenen *Red*-Nachfolger *1989* ebenjene Wendung vollzieht, die Stax sechs Jahre zuvor herbeizuproduzieren versucht und mit der *Red*, wie wir gesehen haben, bereits geliebäugelt hatte.

Der Rubikon in Richtung Pop wird mit einem »new soundtrack«, wie es programmatisch im großen Opener »Welcome to New York« heißt, überschritten und Nashville damit (passend zu Swifts zeitgleichem realweltlichem Umzug nach New York) endgültig verabschiedet – und das mit dem bis heute erfolgreichsten und neben *Red* gelungensten Werk der Musikerin. Als eines der generationenprägenden Alben der 2010er Jahre hat es Popgeschichte geschrieben und ist in jeder Hinsicht ein Ereignis. Dass es ein solches unter anderem auch ob seiner Produktion ist, das heißt seines Sounds, seiner Instrumentierung, seiner Arrangements und Abmischung wegen, kurz: Dass die Platte so verdammt gut und dabei ebenso eigenständig wie zeitlos klingt, verdankt sich zumal der erneuten Kooperation mit Martin und Shellback. Wer sich davon einen Eindruck ver-

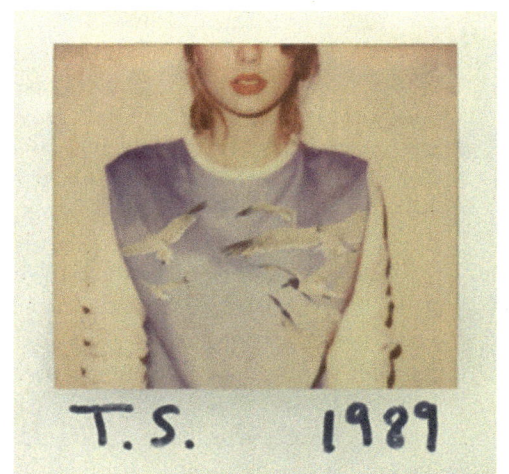

1989, 2014

schaffen möchte, dem sei an dieser Stelle nur die minimalis-
tische Upbeat-Nummer »Style« mit ihrem raffinierten Zusammenspiel von filigraner Funkgitarre, Synthesizer-Teppich und
pumpendem Bass empfohlen. Völlig unverhohlen zielt sie auf
den Dancefloor ab, aber eben nicht dilettantisch wie »Love Story« à la Stax, sondern in ehrfurchtgebietender popmusikali-
scher Vollendung.

Eine solche wird man einer ganzen Reihe von *1989*-Songs
attestieren dürfen: der (rätselhafterweise nur als Bonus-Track
erschienenen) Generationenhymne »New Romantics« mit ihrem Über-Refrain beispielsweise oder dem dreampoppigen
»Wildest Dreams«, in dem Swift erstmals so etwas wie eine
schwüle Erotik in ihre Stimme legt, vor allem aber »Blank
Space«, dem vermutlich größten Geniestreich des Albums und

einem der erfolgreichsten Swift-Tracks überhaupt. Ganze sieben Wochen führte er die Billboard Hot 100 an. Gyllenhaal wird ihm also noch entschieden öfter ausgesetzt gewesen sein als »We Are Never Ever Getting Back Together«, aber auch als »Shake It Off« und »Bad Blood«, den anderen beiden Nummer-1-Hits von 1989. In »Blank Space« arbeitet sich Swift an dem (Zerr-)Bild ihrer selbst ab, das ihr damals in den Medien tagein, tagaus begegnete. Ihre Partner schneller wechselnd als ihre Frisur, sei sie ein *Serial Dater*, hieß es über die damals Mitte-20-Jährige, die das Datingleben einer Mitte-20-Jährigen führte. ›Na gut, dann sei es so!‹, lautete Swifts liedgewordene Reaktion, mit der sie der Fremdzuschreibung über deren Bestätigung im Exzess zu Leibe rückt. Und so präsentiert sie sich in »Blank Space« als männerverschleißende Neurotikerin, die es als selbsternannter »nightmare dressed like a daydream« kaum erwarten kann, ihrer »long list of ex-lovers« einen weiteren Namen hinzuzufügen. Wie der Song selbst ist auch dessen Video meisterlich. Vielfach prämiert und sichtlich an Stanley Kubrick geschult, setzt es Swift als schwerreiche Schlossbesitzerin in insgesamt 21 verschiedenen eher mehr denn weniger grandiosen Outfits in Szene. Edle Pferde, Dobermänner und ein perfekt gepflegter Park runden das Bild vom hochadligen Luxus ab. Ist Swift anfangs noch zuckersüß, wird sie bald schon fuchsteufelswild, was vor allem der silberne Vintage-Sportwagen ihres Freundes zu spüren bekommt: Sie malträtiert ihn kurzerhand mit einem Golfschläger. Verständlicherweise nimmt der Freund Reißaus, doch der Ersatz in Form eines neuen Verehrers lässt nicht lange auf sich warten. Der Zirkel schließt sich, das Spiel (der Liebe) geht in eine neue Runde. Funfact am Rande: Swift singt tatsächlich »long list of ex-lovers« und nicht »lovely« bzw. »lonely Starbucks lovers«, wie Millionen Hörer:innen

Swift performt »Welcome to New York« auf der »1989 World Tour«.

meinten, was zu einem der prominentesten Internet-Memes aus dem Taylorverse führte und beim Kaffeeunternehmen aus Seattle selbstredend für große Freude sorgte.

Spekulationen darüber, ob Swift auch ohne ihre musikalische Neuausrichtung bzw. ihr, wie die *New York Times* titelte, »Farewell to Twang« zu dem Megastar geworden wäre, der sie durch *1989* wurde, sind müßig. Tatsache ist, dass sich ihr fünftes Album über 14 Millionen Mal verkaufte, dass es auf Partys nicht nur gespielt, sondern von vorne bis hinten durchgespielt wurde wie einstmals Michael Jacksons *Thriller* und dass bei der restlos ausverkauften »1989 World Tour« die Mütter nicht mehr, wie noch bei der »Red Tour«, vor den Stadien warteten, um nach Konzertschluss ihre minderjährigen Töchter in Empfang zu nehmen, sondern selbst mit ihren Freundinnen zu den

Shows gingen. Das heißt, 1989 erschloss Swift völlig neue Hörer:innenschichten, mit ihm erreichte sie nun auch große Teile jener Klientel, die sich lange Zeit nichts aus ihrer Musik gemacht oder sie als Teenie-Kram abgelehnt hatte. Swift selbst mutierte zum globalen Phänomen, dem man nicht mehr entgehen konnte, egal, ob man das Radio oder den Fernseher anschaltete, im Internet surfte oder schlicht durch die Stadt oder in den Supermarkt ging.

2015 war Swift zu einer solchen Größe herangewachsen, dass selbst Apple vor ihr in die Knie ging. Der Konzern sah eigentlich vor, dass Musiker:innen während der kostenlosen dreimonatigen Probezeit seines kurz zuvor gegründeten hauseigenen Streamingdienstes Apple Music nicht vergütet werden sollten, hatte die Rechnung aber ohne Swift gemacht. Der Megastar protestierte – und zwar im Namen all jener, die keine Megastars waren – gegen diese ausbeuterische Praxis (man meinte, Kund:innenbindung für lau betreiben zu können) mit einem offenen Brief: »Wir bitten Sie nicht um kostenlose iPhones. Bitte verlangen Sie von uns nicht, Ihnen unsere Musik ohne Gegenleistung zur Verfügung zu stellen.« Bereits wenige Stunden später gab Apple bekannt, dass man ihrem Wunsch entsprechen, die Probezeitregel außer Kraft setzen und die Musiker:innen von Anfang an bezahlen werde. Seitdem gilt Swift unangefochten als mächtigste Akteurin im Musikbusiness.

Und dann wurde ihr im Februar 2016 bei der Grammy-Verleihung auch noch bescheinigt, mit 1989 zum zweiten Mal nach *Fearless* das beste Album des Jahres abgeliefert zu haben – als erste Frau überhaupt. Keine Frage: Swifts Stern strahlte damals heller als je zuvor. Dass es danach, zumindest zeitweilig, ein wenig bergab ging, konnte niemanden wirklich überraschen.

Swifts *acceptance speech* anlässlich des Best-Album-Gram-mys für *1989* fiel ungewöhnlich nachdenklich und kämpfe-risch aus. Sie richtete sich an junge Frauen, denen der Star eine Warnung mit auf den Weg gab: »Ihr werdet immer wieder auf Leute stoßen, die versuchen, euren Erfolg zu untergraben oder euch die Anerkennung für eure Leistungen oder euren Ruhm zu nehmen.« Das Gros des Publikums im Saal dürfte sehr genau gewusst haben, auf wen Swift mit diesen Worten anspielte: Kanye West. Der nämlich hatte kurz zuvor seinen Diss-Track »Famous« veröffentlicht, in dem er damit protzt, dass er und Swift trotz ihrer beider Differenzen »might still have sex«. Immerhin sei er es gewesen, der »that bitch« durch die Kaperung ihrer Dankesrede bei den MTV-Awards 2009 überhaupt erst »famous« gemacht habe. Dass ihm die Erlaub-nis für die Zeilen von Swift höchstselbst in einem Telefonat gegeben worden sei, bestritt diese vehement. Doch ein drei-minütiger Videomitschnitt des (illegal aufgenommenen) Ge-sprächs, den Wests damalige Frau, die aus den Untiefen des Trash-TV emporgestiegene Kim Kardashian, im Juli 2016 pos-tete, schien die Version des Rappers zu bestätigen. Swift stand öffentlich als Lügnerin da, und da Kardashian sie in einem weiteren Post mittels eines Schlangen-Emojis diffamierte, ging der Hashtag #TaylorSwiftIsASnake rasch viral. Die Zeit, in der Swift als harmlose Normcore-Ikone und America's Sweetheart galt, war vorbei. Eine regelrechte Hasswelle schlug über ihr zusammen. Sie, die Erfolgsverwöhnte, die jahrelang von Triumph zu Triumph geeilt war, musste den Eindruck ge-winnen, dass man genug von ihr hatte. Ihre Reaktion: Sie zog sich für gut ein Jahr komplett aus der Öffentlichkeit zurück, nahm allen Content von ihren Social-Media-Accounts – und machte sich an die Arbeit an *Reputation*, ihrem sechsten Album, das im November 2017 herauskam. Dass sie dessen Titel programmatisch verstanden wissen wollte, muss kaum erwähnt werden.

Einige Wochen zuvor hatte Swift »Look What You Made Me Do« herausgebracht, die campy Leadsingle von *Reputation*, die prompt zur Nummer eins aufstieg und einen dicken Strich durch Swifts Biographie zieht: Die »old Taylor« wird pathetisch für tot erklärt. An ihrer statt erblickt eine neue, zutiefst desillusionierte und sich »harder« und »smarter« gebende Taylor das Licht der Welt. In Battle-Rap-Manier teilt diese, ohne sie beim Namen zu nennen, gegen West und Kardashian (und wohl auch ein wenig gegen Katy Perry) aus und bedient sich dabei musikalisch – man möchte es kaum glauben – unüberhörbar bei »I'm Too Sexy«, dem 1991er Hit der britischen Band Right Said Fred, die dafür Co-Writing-Credits und einen Blumenstrauß erhielt. Während wir Swift in dem betont düster gehaltenen Video zu ihrem Song von Schlangen umgeben sehen, erhob auf der »Reputation Stadium Tour« zu dessen Performance plötzlich eine riesige aufblasbare Kobra namens Karyn ihr Haupt auf der Bühne – als unverkennbare Anspielung auf Kardashians Schlangen-Emoji und einschlägiges Beispiel für das, was man die appropriative Wendung eines Negativbildes nennen könnte: Es wird sich angeeignet und dadurch positiv umkodiert. Und die Swifties ziehen natürlich mit: Schlangenringe, -armreife und -halsketten, dazu schwarze Netzstrumpfhosen mit Schlangenmuster sind bei ihnen sehr beliebt.

Mit »Look What You Made Me Do« und zahlreichen ande-

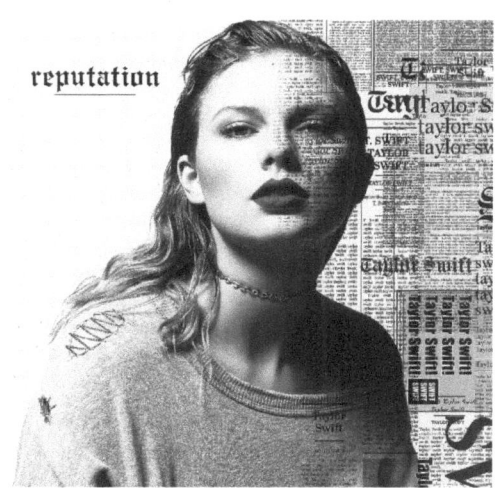

Reputation, 2017

ren *Reputation*-Tracks, speziell der ersten Albumhälfte, präsentierte sich Swift auch in musikalischer Hinsicht verwandelt. Nicht jedem gefiel das. Im Gegenteil: Schmerzlich vermisst wurden – bei einer Ausnahme, dem alles in den Schatten stellenden »Getaway Car« – die großen Melodien und Hooklines, für die Swift seit »Love Story« und »You Belong With Me« gefeiert wird. Zudem stellte die zwischen spröder Verhaltenheit und Industrial-Bombast changierende, immer wieder bewusst edgy und ultramodern klingende Produktion von *Reputation* für viele eine echte Herausforderung dar. Und dass, wie beispielsweise in »End Game« und »Don't Blame Me«, Hip-Hop und R&B Swifts stilistischem Repertoire hinzugefügt wurden (so wie zuvor bereits im Video zu »Bad Blood«, in dem wir Kendrick Lamar sehen und hören), stieß ebenfalls nicht ausschließlich auf Begeisterung. Mancher warf Swift gar kulturelle Aneignung/Ausbeutung vor. Kurzum: Die Absage an den strahlenden Synthiepop des Vorgängers *1989* hätte kaum klarer ausfallen können.

Von allen Swift-Alben, die bis dahin erschienen waren, verkaufte sich *Reputation* am schlechtesten oder besser gesagt: am wenigsten phänomenal. Einer der Gründe hierfür dürfte gewesen sein, dass es als Swifts dunkles, aggressives und wütendes, der *Guardian* schrieb »supremely pissed-off« Album wahrgenommen wurde. Ob seiner zweiten Hälfte, in der mit »Dress«, »Call It What You Want« und »New Year's Day« die verhaltenen hochintimen Lovesongs die Oberhand gewinnen, ist diese Sichtweise zwar zu revidieren, aufgrund der prägenden Kraft der Vorabsingle »Look What You Made Me Do« aber durchaus verständlich. Mag es auch sehr nachvollziehbar sein, dass die angefeindete Swift nach ihrer langen Öffentlichkeitsabstinenz mit diesem kämpferischen Song zurück in den Ring steigen wollte. Dem Album hätte eine Leadsingle »Getaway Car« ganz gewiss bessere Dienste erwiesen, und das nicht nur hinsichtlich seines Absatzes, sondern auch hinsichtlich seiner allgemeinen Wahrnehmung.

Zu guter Letzt stellte sich heraus, dass es zu Swifts Rehabilitierung bzw. der Wiederherstellung ihres guten Rufs genaugenommen gar keines Albums namens *Reputation*, sondern nur einer ordentlichen Portion Geduld bedurft hätte. Im März 2020 tauchte nämlich plötzlich ein 25-minütiger Videoclip des gut vier Jahre zuvor geführten Swift-West-Telefonats über »Famous« auf. Aus ihm geht klar hervor, dass Swift dem Hip-Hopper ihre Zustimmung für dessen sachlich falsche, frauenfeindliche Zeilen nicht gegeben hat. Während Kardashian an ihrer Lügenstory festhielt und Swift klug genug war, zu dem

Fall zu schweigen, machten die Hashtags #KanyeWestIsOverParty und #TaylorToldTheTruth die Runde.

Queen of Bridges

Wie es sich für kluge Übertreibungen gehört, trifft die im Netz kursierende Behauptung, Swift würde nur deswegen Strophen und Refrains schreiben, um sich ihrer Lieblingsbeschäftigung, dem Komponieren von Bridges, widmen zu können, ins Schwarze. Schließlich geht es bei der Behauptung darum, Swifts Gespür als Songwriterin für das herauszukehren, was mitunter auch C-Teil genannt wird. Und das ist, gelinde gesagt, enorm. Hier nun das Bild, das der Produzent Jack Antonoff verwendet, um die Funktion einer Bridge näher zu bestimmen: Das Hören eines Popsongs sei wie die Autofahrt in einer schönen Landschaft. Strophe und Refrain seien Berge und Bäume und die Bridge ein Tunnel. Während man durch ihn hindurchfahre, sehne man sich wieder nach den Bergen und Bäumen. »Du brauchst dieses dritte Element, das dich von dort, wo du bist, wegführt, damit du es kaum erwarten kannst, wieder dorthin zurückzukehren.« Antonoff reduziert die Bridge also auf ein Element in dienender Funktion. Man benötige sie, damit Strophe und Refrain auch beim dritten Mal noch bzw. wieder frisch klingen. Dass sie ein Element eigenen Rechts sein könnte, so wie Strophe und Refrain auch, und mehr noch: dass sie nicht etwa ein Tunnel, sondern – um im Bild zu bleiben – ein wunderschöner Bergsee sein könnte, von dem sich zu trennen es einem schwerfällt, kommt Antonoff nicht in den Sinn. Und doch weist er mit seinen Worten natürlich auf eine wesentliche Aufgabe einer Bridge hin, die nicht unter den Tisch fallen sollte. Insofern möchte ich einen Kompromiss vorschlagen: Eine gute Bridge ist zugleich Bergsee und Tunnel, das heißt Grund zur Freude und Vorfreude. Denn wir erfreuen uns an ihr, während wir uns auf das freuen, wohin sie uns zurückführt.

Swift hat schon früh ihr Talent für Bridges unter Beweis gestellt. Man höre nur noch einmal »You Belong With Me«, »Enchanted«, »Treacherous« und natürlich »All Too Well«. Zur Queen of Bridges krönte sie sich allerdings erst im August 2019, und zwar mit ihrem (mutmaßlich drittbesten) Album *Lover* bzw. drei von dessen Songs: dem im Dreivierteltakt walzenden, für Hochzeitseröffnungstänze wie geschaffenen Titeltrack, dem artpoppigen »Death by a Thousand Cuts« und dem treibenden, atmosphärisch schwülen Megabanger »Cruel Summer«. Letzterer gehört seit seinem Erscheinen zu den absoluten Lieblingen der Fans, die noch heute darüber mit den Augen rollen, dass ihr Idol ihn nicht und schon gar nicht als erste Vorabsingle vom lang erwarteten Album veröffentlicht hat, sondern »ME!«. Vielleicht auch deswegen ist das gemeinsam mit Brendon Urie von Panic! At the Disco eingesungene Regenbogen-Hubba-Bubba-Popduett das einzige Swift-Stück, das man auch als Swiftie von ganzem Herzen nicht mögen, wenn nicht gar hassen darf. Mehr noch: Ein »ME!«-Bashing gehört unter Swifties schlichtweg zum guten Ton, wobei man den Echauffierten gern mit dem Titel der zweiten *Lover*-Single entgegnen möchte: »You Need to Calm Down«! »ME!« mit seinen Marching-Band-Drums, seinen bestens gelaunten Bläsersätzen und seiner überkandidelten »Me-eh-eeeh«-Hook, die einem fürs Leben lang nicht mehr aus dem Ohr geht, ist nämlich beileibe kein schlechter Song. Immerhin: Bei der Zusam-

Swift und Brendon Urie performen »ME!« bei den Billboard Music Awards 2019.

menstellung der Setlist für die »Eras Tour« hat Swift die Wünsche ihrer Fans berücksichtigt. »Cruel Summer« war dabei, »ME!« nicht.

Von seiner Schöpferin mit Liebe zur Alliteration als »love letter to love itself« beschrieben, präsentiert sich *Lover* in lyrischer Hinsicht ziemlich kompakt. Musikalisch ist es hingegen Swifts abwechslungsreichstes Album. Selbst *Red* kann da nicht mithalten. Zeichnet sich dies schon bei den genannten Songs ab, so werden letzte Zweifel hieran ausgeräumt, wenn man noch ein paar weitere Stücke hinzunimmt: etwa das Prince-mäßige »I Think He Knows«, den an den *Grease*-Song »You're the One That I Want« erinnernden »Paper Ring«, die ver-

träumte Skizze »It's Nice to Have a Friend« und die im Swift'-schen Werk ganz und gar alleinstehende Oralsex-Phantasie »False God« mit ihrem jazzigen Saxophon. Vor allem aber ist *Lover* – der Eindruck, den sein pastellig-rosa Cover macht, trügt nicht – ein zugängliches, lichtes, mitunter strahlend helles Album, mit nur einer markanten Ausnahme: der gemeinsam mit den Dixie Chicks eingespielten Akustikballade »Soon You'll Get Better«, in der sich Swift mit der Krebserkrankung ihrer ihr äußerst nahestehenden Mutter auseinandersetzt.

In Summe *1989* näherstehend als seinem Vorgänger, unterscheidet sich *Lover* von diesem erheblich und klingt dabei regelrecht befreit. Ja, man könnte von einer weiteren Kurskorrektur im Werk Swifts sprechen, und das auch und vor allem mit Blick auf ihren Umgang mit der seit Donald Trumps Wahlsieg

Swifts Katzen

Swift hat es wiederholt vermerkt: Wer zwei Katzen besitzt, besitzt zwei Katzen. Wer drei Katzen besitzt, ist eine »Cat Lady«. Mit anderen Worten: Swift ist eine »Cat Lady«, und das, wie sie nicht müde wird zu betonen, aus tiefster Überzeugung und mit voller Leidenschaft. Meredith Grey (benannt nach der Ärztin aus der TV-Serie *Grey's Anatomy*), Olivia Benson (benannt nach der Ermittlerin aus der TV-Serie *Law & Order: Special Victims Unit*) und Benjamin Button (benannt nach dem Titelhelden aus dem Film *The Curious Case of Benjamin Button*) heißen ihre drei flauschigen Vierbeiner. Sie begleiten Swift auf ihren Reisen, sind Dauergäste auf ihren Social-Media-Kanälen, tauchen in ihren Werbeclips und Musikvideos auf (in »ME!« alle drei, in »Blank Space« und »Karma« nur Olivia) und sind längst selbst Stars. Ganz besonders gilt dies für Olivia. Die schottische Faltohrkatze, die seit 2014 zur Swift-Familie gehört, wird auf »The Ultimate Pet Rich List« des Katzen-Portals *All About Cats* als drittvermögendstes Haustier der Welt geführt – mit einem Marktwert von sage und schreibe 92 Millionen Euro!

2016 drastischen Erstarkung antiliberaler Kräfte in den USA. Während sich die Künstlerin mit *Reputation* nämlich ›bloß‹ in Celebrity-Battles stürzte, andere, explizit politische Kampfplätze aber im Gegensatz zu einigen ihrer Kolleg:innen mied (und damit nicht nur viele ihrer Fans enttäuschte), setzt sie auf *Lover* politisch mehr als nur Akzente. So macht sie sich mit »The Man« für die Gleichbehandlung von Frauen bzw. das En-

de des geschlechtlichen Double Standard stark, kritisiert mit
»Miss Americana & the Heartbreak Prince« im allegorischen
Gewand einer Highschool-Geschichte den Rechtsruck und die
Vergiftung des politischen Klimas im Lande und liefert mit
»You Need to Calm Down« eine LGBTQ-Hymne, in der sie neben Homofeindlichkeit und Sexismus auch Hate Speech in
den Sozialen Medien entgegentritt. Letztlich wird in dem Song
in provozierend nonchalantem und herablassendem Tonfall all
das gebrandmarkt, wofür der damalige unentwegt twitternde
US-Präsident stand und noch immer steht. Konnte es da ein
bloßer Zufall sein, dass »You Need to Calm Down« seinen Sin-
gle-Einstand am 14. Juni 2019 feierte, also just an Trumps Ge-
burtstag? Bedenkt man, wie akribisch Swift seit jeher jeden
ihrer Schritte im Voraus plant, liegt die Antwort nahe: wohl
kaum.

Endlich cool

Sie sind selten, doch es gibt sie immer wieder: Coverversionen, die mit jedem Ton und jedem Takt das Bemühen seitens
ihrer Macher:innen erkennen lassen, sich über das gecoverte
Original lustig zu machen, sich von ihm zu distanzieren, sich
über es zu erheben. Man könnte von einer eigenen musikalischen Kunstform sprechen: die Coverversion als Diffamie-
rungsvehikel. Besonders verbreitet ist sie seit jeher im Indie-
und Alternative-Bereich, jener Sphäre der Popmusik also, in
der es ganz maßgeblich darum geht, Distinktionsgewinne über
die prononcierte Distanznahme vom Mainstream einzustrei-
chen. Einschlägige Beispiele sind etwa die beiden Madonna-

Covers »Like a Virgin« und »Into the Groove« von den Lords of the New Church bzw. Sonic Youth oder aber die »I Will Survive«-Version von Cake. Alle drei sind (nicht nur gegenüber den Originalen) beschämend schlecht und bestätigen zudem einen bösen Verdacht: dass es sich beim Diffamierungscover um eine dominant männliche Praxis handelt, bei der Distinktion und Selbsterhöhung bevorzugt über die Abwertung dezidiert weiblicher musikalischer Seinsweisen erfolgen.

Man durfte also gespannt sein, als der von manchen als Indie-Rock-Ikone gehandelte Ryan Adams im Sommer 2015 verkündete, ein vollständiges Track-to-Track-Coveralbum von Swifts nur knapp ein Jahr zuvor erschienenem Geniestreich *1989* zu veröffentlichen. Als Adams' Album kurz darauf herauskam, war klar: Hier handelte es sich ersichtlich *nicht* um einen Diffamierungsversuch, sondern um eine ernstgemeinte Auseinandersetzung mit Swifts Musik. Als allzu gelungen wird man Adams' Coversammlung deswegen aber noch lange nicht bezeichnen dürfen, vielmehr als Beleg dafür, dass unwiderstehliche Popmeisterwerke wie »Blank Space«, »Out of the Woods« und »Style« erstaunlich öde klingen können, wenn man sie in ein konfektioniertes Indie-Gewand steckt. Die Gecoverte zeigte sich gleichwohl höflich begeistert von der ihr gewidmeten Hommage, die sie möglicherweise auch als späte Genugtuung wahrgenommen haben wird. Immerhin hatte sie sich, wie oben berichtet, von Jake Gyllenhaal immer wieder anhören müssen, wie verdammt uncool ihre Musik sei.

Bis Letztere cool wurde bzw. man sich im Indie-Lager darauf verständigen konnte, sie als cool durchgehen zu lassen (als ob es Swift jemals um Coolness gegangen wäre!), sollte es noch ein paar Jahre dauern – genauer: bis Sommer 2020. Dann nämlich erschien, und zwar über Nacht ohne jede Vorankündigung, *Folklore*, ein Album, bei dem Swift neben Jack Antonoff der The National-Gitarrist Aaron Dessner zur Seite stand und mit dem sie ihre musikalische Range tief in den Bereich Indie-Folk hinein erweiterte.

Dass sie Justin Vernon, den kultisch verehrten Sänger und Kopf von Bon Iver, für ein Duett gewinnen konnte (»Exile«), galt Indie-Fans weltweit als Freibrief, Swift nun nicht nur hören, sondern dies auch noch öffentlich zugeben zu dürfen. Das Phänomen ist spätestens seit »Where the Wild Roses Grow«, Nick Caves zusammen mit Kylie Minogue eingesungener Mörderballade aus dem Jahr 1995, bekannt und geradezu märchenhaft: Ein Indie-Musiker, cool und eigenwillig bis in die (im Falle Caves streng nach hinten gegelten) Haarspitzen, erlöst durch seinen Kollaborationskuss die hübsche Pop-Prinzessin aus dem trügerisch glitzernden Glassarg ihrer notorischen Uncoolness. Wer glaubt, die geschlechtliche Rollenverteilung sei hierbei austauschbar, dass sich also genauso gut eine Indie-Musikerin auf Rettungsmission begeben könnte, täuscht sich selbstredend gewaltig.

Handgemacht (trotz einiger Electronica) und warm, vor allem aber zeitlos und intim klingen die 16 *Folklore*-Songs – und sind doch mit einem eindeutigen zeitlichen Index versehen, zudem das Produkt erzwungener Distanz. Denn sie entstanden mitten im Lockdown und unter strengsten Quarantäne-Bedingungen. Das heißt, Swift, Antonoff und Dessner trafen nie zusammen, sondern schickten einander Soundfiles hin und her, die alle für sich weiterbearbeiteten. Swift hatte sich hierfür im Schlafzimmer ihres Hauses in Los Angeles eigens ein Studio einrichten lassen, das sie, die fanatische Katzenliebhaberin, die in Tom Hoopers fürchterlicher *Cats*-Musicalverfilmung in einer Nebenrolle zu sehen ist, Kitty Committee

Folklore, 2020

Studios taufte. Von hier aus sang sie die Vocals ein. Dass ihre Stimme besser klang als je zuvor, dass *Folklore* zum wahren Triumph der Sängerin Taylor Swift geriet, dafür sorgte nicht zuletzt die viel gefragte, unter anderem auch für Lorde und Lana Del Rey tätige Soundingenieurin Laura Sisk. Sie saß während der Aufnahmen im Nachbarraum an den Reglern und setzte auf die konsequente Suggestion gesanglicher Direktheit und Nähe – sozusagen als akustisches Antidot gegen die Zumutungen des Social Distancing.

Ob Swift ohne die Covid-Pandemie einen derartigen musikalischen Kurswechsel vollzogen hätte, wie ihn *Folklore* markiert? Wahrscheinlich nicht. Einiges spricht vielmehr dafür, dass die besonderen Zwänge ihr Türen öffneten, sie regelrecht befreiten – davon etwa, Musik komponieren zu müssen, die auch im Stadion vor 70 000 Fans funktionierte, oder davon, sich Gedanken über eine zugkräftige Leadsingle machen zu müssen, die den Rest des Albums mitriss, ihn aber auch überstrahlte. Überhaupt ist *Folklore* gegenüber den drei vorangegangenen Popalben, vor allem aber seinem direkten Vorgänger *Lover,* sonisch und atmosphärisch ausgesprochen homogen geraten. Unverstellt präsentiert es sich als »album's album«, das heißt als Album, das als Album wahrgenommen und am Stück gehört werden will. Und zumindest die Zugriffszahlen auf Spotify und anderen Streaming-Plattformen deuteten darauf hin, dass ebendies geschah. Mag es auch Song-Höhepunkte geben – »August« und »My Tears Ricochet« beispielsweise oder »This Is Me Trying«, für das The National ihre Großmutter verkaufen würden –, so tragen auch sie zum Gesamteindruck der Platte bei, deren Schwarzweiß-Cover mit der im langen weißen Spitzenkleid und mit übergeworfenem Mantel zwischen Bäumen stehenden Swift verspricht, was die Musik tatsächlich einlöst: dem speziell in der Pandemie so sehr boomenden Cottagecore-Trend mit seiner rückwärtsgewandten Landlust-Romantik den passenden Soundtrack zu liefern.

Dieser überrascht auch hinsichtlich der Lyrics: Schließlich begegnen wir auf *Folklore* zum ersten Mal nicht so sehr Swift, der offenherzigen Autobiographin, die uns mit intimen Berichten aus ihrem (Gefühls-)Leben versorgt, sondern Swift, der Erzählerin fiktionaler und (halbwegs) wahrer Geschichten wie beispielsweise jener über Rebekah Harkness. Keine Frage: Die von Swift für ihre Exzentrik gefeierte Standard Oil-Erbin und einstige Bewohnerin ihres Rhode Island-Anwesens hätte sich kein schöneres musikalisches Denkmal als das in *Great Gatsby*-hafter Bildlichkeit schwelgende »The Last Great American Dynasty« wünschen können.

Swift mit Aaron Dessner (links) und Jack Antonoff (rechts) bei der Grammy-Verleihung 2021

So wenig bombastisch das Album klingt, *Folklore* schlug ein wie eine Bombe, bei den Fans sowieso, aber auch bei der Kritik. Hatte diese bis dato an Swifts Output stets etwas herumzumäkeln, wurde nun in Einhelligkeit befunden: Ihr achtes Album sei nichts weniger als ein Meisterwerk, ein Ad-hoc-Klassiker, angesichts dessen Größe, wie in der *Frankfurter Allgemeinen Zeitung* zu lesen war, »noch dem letzten verschrumpelten Bob-Dylan-Fan klar wurde, dass Swift die bedeutendste Songwriterin ihrer Generation ist«. Dass sich *Folklore* in zahlreichen Jahresabschluss-Bestenlisten auf Platz 1 wiederfand, überraschte nicht im Geringsten, und auch die Tatsache, dass Swift – erneut als erste Frau überhaupt – zum dritten Mal den »Album of the Year«-Grammy verliehen bekam, grenzte beinahe schon an eine Selbstverständlichkeit.

Eine jüngere Schwester
— ⊙○●Ⓔ Ⓥ Ⓔ Ⓡ Ⓜ Ⓞ Ⓡ Ⓔ●○⊙ —

Eigene Ära oder Schwesternalbum von *Folklore*? Was immer *Evermore* ist, eines wird man Swifts neuntem Longplayer auf keinen Fall vorwerfen können: dass es sich bei ihm um eine Resterampe von *Folklore* handelt. Sicher, der Umstand, dass das Album nur viereinhalb Monate nach *Folklore*, und zwar ebenfalls unangekündigt und über Nacht, erschien, mag diesen Verdacht nahelegen. Doch verflüchtigt er sich beim ersten Hören angesichts der schieren Qualität von Songs wie beispielsweise »'Tis the Damn Season«, »Marjorie« oder dem passend an fünfter Stelle positionierten »Tolerate It«.

»Wir konnten einfach nicht aufhören, Songs zu schreiben.« So kommentierte die für ihren sagenhaften Fleiß berühmte, in Lockdown-Zeiten aber augenscheinlich hoffnungslos unterbeschäftigte Swift ihre abermalige Zusammenarbeit mit Antonoff und vor allem Dessner. Diese setzte sich weitgehend bruchlos von *Folklore* zu *Evermore* fort, womit dessen kompositorische und klangliche Nähe zum Vorgänger erklärt wäre. Und so geht es auch auf dessen ›Schwester‹ bukolisch und ländlich zu. Warm pluckern (im Fall von »Closure« scheppern) die Beats, wohltemperiert und wohldosiert melancholisch klingt das Piano, die Gitarren, mal akustisch, mal leicht verzerrt, strahlen uneitel im Hintergrund. Wieder tritt Justin Vernon vors Mikro (»Evermore«). Wieder gilt für das Gesamtkonzept: Weniger ist mehr. Wieder präsentieren die Lyrics

Evermore, 2020

Swift als kompetente Short Story-Schreiberin mit hervorragendem Gespür fürs vielsagende Detail. Und wie zuvor schon *Folklore* ließe sich auch *Evermore* mit einer kuscheligen Decke vergleichen, die diesmal – das Album erschien im Dezember – zur richtigen Jahreszeit kam. Und doch: Da ist das gar nicht so indie-folkige, dafür sehr poppige »Gold Rush«, das gut und gerne auf *Lover* Platz gefunden hätte, da ist die makabre Mordballade »No Body, No Crime«, die Swift mit den mit ihr eng befreundeten Haim-Schwestern einspielte und die nicht zuletzt ob ihrer »Heart of Gold«-Gedächtnismundharmonika schon sehr nach Country klingt, und da ist natürlich »Cowboy Like Me«, ein durch Marcus Mumfords Background-Unterstützung veredeltes Songjuwel, das bereits im Titel verrät, dass Swift mit ihm den Weg zurück nach Nashville komplett zurücklegt. Mit anderen Worten: Indem sie mit *Evermore* – übrigens ebenfalls ein »album's album« – da weitermacht, wo bei *Folklore* der Schlussstrich gezogen wurde, entzieht sich Swift dem auf ihr lastenden Druck, sich mit jedem Longplayer neu erfinden zu müssen (wie es sich im misogynen Musikgeschäft für weibliche Popstars eigentlich gehört). Allerdings belässt sie es nicht bei einem bloßen Noch einmal, sondern setzt hier und da durchaus andere, wenn auch mit Blick auf ihr vorheriges Schaffen nicht eben neue Akzente.

Auch *Evermore* wurde vom Feuilleton und der Musikpresse mit offenen Armen empfangen. Seine Qualitäten preisend, rieb man sich ob Swifts Produktivität ungläubig die Augen. Zwar blieb es diesmal bei einer Nominierung für den »Album of the Year«-Grammy, doch der Sprung von 0 auf 1 in den US-Charts, den Swift kurz zuvor bereits mit *Folklore* geschafft hatte, gelang ihr auch mit ihrem zweiten Pandemie-Opus spielend. Ein klarer Fall fürs Guinness-Buch der Rekorde! In ihm wird Swift seither in der Kategorie »Shortest Gap Between New No. 1 Albums on the US Billboard 200 (Female)« geführt.

Nachtstücke
MIDNIGHTS

Anders als in anderen Bereichen künstlerischer Praxis ist das, was wir Qualitätskontinuität nennen, in der schnelllebigen Popmusik äußerst rar. Ja, man könnte meinen, beide schlössen einander aus. So ist es bereits sehr respektabel, wenn Bands oder Musiker:innen drei relevante Alben hintereinander veröffentlichen. Man bedenke: Weltbekannte, als bedeutsam angesehene Acts wie Guns N' Roses, Oasis oder Lady Gaga sind hieran kläglich gescheitert. Wenn es fünf Alben sind (was

Midnights, 2022

Queen zwischen 1975 und 1980, Metallica zwischen 1983 und 1991 gelang), darf man getrost in die Hände klatschen. Hat eine Band bzw. ein:e Musiker:in sieben- oder achtmal hintereinander etwas wirklich Überzeugendes in Albumlänge zustande gebracht (wie beispielsweise Beyoncé zwischen 2003 und 2022 oder Depeche Mode zwischen 1981 und 1993), ist dies Anlass genug, sich ungläubig die Augen zu reiben. Ab zehn können wir schließlich von einem Wunder sprechen. Die Beatles und die Rolling Stones haben ein solches vollbracht, David Bowie ebenso – und Taylor Swift.

Midnights, Swifts zehntes Album, erschien im Oktober 2022. Unverzüglich okkupierten zehn seiner insgesamt 13 Songs zeitgleich die Plätze 1 bis 10 der Billboard Hot 100. So etwas hatte es zuvor noch nie gegeben (Drake hatte es 2021 mit *Certified*

Lover Boy ›nur‹ auf 9 out of 10 gebracht). Drei Songs von *Midnights* gehören zum Besten, was Swift jemals veröffentlicht hat: die weltweit an die Spitze der Charts schießende, die Billboard Hot 100 ganze acht Wochen am Stück anführende Leadsingle »Anti-Hero«, der drone-satte Synthiepop-Schleicher »Maroon«, der hervorragend in David Lynchs *Blue Velvet* oder *Twin Peaks* gepasst hätte, und der quicklebendige, auf der »Eras Tour« als Finale fungierende Banger »Karma« mit dem köstlich verstiegenen Sprachbild »Karma is a cat / Purring in my lap 'cause it loves me«. Doch auch der Rest des Albums kann sich hören lassen, und das schon allein dessen atemberaubend guten, von Swift gemeinsam mit Soulmate Antonoff besorgten Produktion wegen: Mittels verdumpfter Keyboardflächen, kellertiefer Bässe und verträumt bis verhuscht daherkommender Soundschlieren sowie einer generellen Zurücknahme der Mittel wird eine spärlich ausgeleuchtete Klangbühne errichtet. Auf ihr kommen Swifts gegenüber ihren Pandemie-Alben noch einmal verbesserten Vocals förmlich zum Strahlen. Zudem wird, und zwar mit Macht, atmosphärische Dichte generiert, was *Midnights* trotz seiner unverhohlenen Chart-Ambitionen über weite Strecken den Charakter eines *mood piece* verleiht. Und das wiederum passt zum Konzept des Albums. Schließlich handelt es sich bei ihm um ein Portfolio von intimen Nachtstücken oder, in Swifts Worten, »eine Sammlung von Musik, die mitten in der Nacht geschrieben wurde«, das heißt in der sprichwörtlichen Geister- und Gespensterstunde, die als Schnittstelle zweier Tage jedweden Eindeutigkeiten von vornherein eine Absage erteilt.

Dass auch die Lyrics einiger *Midnights*-Tracks einen ausgeprägten Hang zum Vagen erkennen lassen, überrascht demzufolge nicht. Man denke beispielsweise an den bereits genannten todtraurigen Breakup-Song »Maroon«, dessen mit »Röt-lich-« oder »Kastanienbraun« zu übersetzender Titel die Unentschiedenheit bzw. Abkehr von der Festlegung auf das klar konturierte Eine regelrecht zum Programm erklärt. Vergleichbares lässt sich auch vom Titel der Dreampop-Ballade »Snow on the Beach« behaupten, der zusammenführt, was wir gewöhnlich assoziativ auseinanderdividieren. Kooperations-freudig wie sie ist, konnte Swift für den Song die von ihr (viel-leicht etwas zu generös) als »the most influential artist in Pop« bezeichnete und nicht weniger kooperationsfreudige Lana Del Rey zur Mitarbeit gewinnen. Del Rey-Fans seien aber gewarnt: Man muss schon ziemlich genau hinhören, um die weit in den Hintergrund verbannte Stimme der »Video Games«-Sängerin überhaupt wahrzunehmen. Hat man sie aber erst einmal geor-tet, so erschließt sich einem sofort, wie fabelhaft sie mit der Swifts harmoniert.

Passend zum R&B-Opener »Lavender Haze«, in dem von »the 1950s shit« die Rede ist, lädt uns das Album-Artwork von *Midnights* zu einer Zeitreise in die Vergangenheit ein. Das Ziel derselben ist allerdings nicht genau bestimmt: Während näm-lich die Fotos von Swift und den Interieurs – man achte etwa auf den blauen Glitzerlidschatten, die rotbraune bzw. ›ma-roon-e‹ Cordhose und die Partykeller-Holzvertäfelung – un-übersehbar die 70er Jahre heraufbeschwören, greift das Design der Vorderseite mit der nüchtern auf weißem Grund präsen-tierten Nahaufnahme Swifts und den serifenlosen Lettern der Type Neue Haas Grotesk noch weiter zurück, und zwar in die 60er Jahre. Musikalisch ist das nicht wirklich zu rechtfertigen. Schließlich sucht *Midnights* trotz der Verwendung einiger Vin-tage-Synthesizer aus den 70ern und frühen 80ern (Minimoog und Juno 6) an keiner Stelle, mit Retro-Charme zu punkten.

Überhaupt ist derlei Swifts Sache nicht. Ihr geht es – anders als ihrer Duett-Partnerin Del Rey, die mit ihren nostalgischen Pastiche-Exzessen immerfort Déjà-vu-Momente triggert – stets um Zeitlosigkeit im zeitgemäßen Gewand. Und doch läuft die visuelle *Midnights*-Gestaltung semantisch nicht ganz ins Leere. Denn was Swift-Fans schnell auffiel, der Bezug auf das ikonische Cover der *Another Side of Bob Dylan* von 1964, ergibt ja durchaus Sinn. Die Referenz kann nämlich als ausgemacht selbstbewusste Geste einer Musikerin gelten, die bereits mit dem *Red*-Cover nicht unbescheiden auf *Blue*, Joni Mitchells Meisterwerk aus dem Jahr 1971, verwies und es sich nun herausnimmt (und herausnehmen darf), sich in der Tradition des Singer-Songwriter-Säulenheiligen zu positionieren, wenn nicht gar sich als dessen legitime Nachfolgerin in Stellung zu bringen.

Von der Kritik gut bis sehr gut aufgenommen, wurde auch *Midnights* vielfach ausgezeichnet, wobei sich Swift über einen Preis ganz besonders gefreut haben wird: den »Album of the Year«-Grammy, den sie damit zum vierten Mal verliehen bekam. Dies ist vor ihr noch niemandem gelungen, auch Frank Sinatra, Stevie Wonder und Paul Simon nicht. Sie gewannen den prestigeträchtigsten Grammy jeweils ›nur‹ dreimal.

Beziehungsanatomie
— ◦◦•ⓉⓉⓅⒹ•◦◦ —

Man kann sich seine Fans nicht aussuchen. Dies oder Ähnliches wird sich Swift angesichts eines offenen Briefs einiger Verehrer:innen gedacht haben. Dessen Inhalt zugespitzt und in Kurzform: Sie solle Matty Healy, dem The 1975-Frontmann,

*The Tortured Poets
Department*, 2024

mit dem sie nach ihrer sechsjährigen Beziehung mit Joe Alwyn
eine Liaison eingegangen war, den Laufpass geben. Der Grund:
Healy sei unter anderem ob einiger als rassistisch und misogyn
wahrgenommener Äußerungen kein guter Umgang und erst
recht kein adäquater Partner für den größten Popstar der Welt,
der ja schließlich ein Vorbild für Millionen sei. Swifts Reaktion
auf den Brief ließ einige Zeit auf sich warten, genauer: bis zur
Veröffentlichung ihres Albums *The Tortured Poets Department* bzw. dessen sechsten Stücks, dem famosen »But Daddy I
Love Him«. In ihm finden sich die belehrungs- und bevor-
mundungsfreudigen, sich in ihrer Wokeness sichtlich gefallen-
den Fans als »vipers dressed in empath's clothing« und »judg-
mental creeps« verewigt. Allerdings bekommt auch Healy
sein Fett weg, und das gleich in mehreren Songs des Albums,

allen voran »The Smallest Man Who Ever Lived«, dem wahrscheinlich unerbittlichsten Breakup-Song im gesamten Swift-
Œuvre. Demgegenüber kann sich Alwyn einigermaßen glück-
lich schätzen. Zwar gerät auch er unter das Skalpell der einmal
mehr zu großer Form auflaufenden Beziehungsanatomin Taylor Swift, doch kommt ihr einstiger »London Boy« im hochme-
lancholischen Track Five, »So Long, London«, noch vergleichs-
weise glimpflich davon.

Dass Swift mit ihrem elften Album wieder einmal alle Ver-
kaufs- und Streaming-Rekorde brach – und das mit Songs, die
ihr Hitpotential erst nach einiger Zeit entfalten –, war zu erwarten gewesen. Doch hatte niemand kommen sehen, dass sie
bereits zwei Stunden nach Veröffentlichung des Albums 15
weitere Stücke droppen würde. Sie ließen *The Tortured Poets
Department* zu einem zweistündigen Mammutopus an-
schwellen, wobei es sich bei ihnen mitnichten um bloße Nice-
to-haves handelt. Längst haben sich Songs wie das zwischen
Zurückhaltung und wütendem Ausbruch changierende »The
Black Dog« oder das beschwingt indierockende »So High
School« (mit der nur zu offenkundig auf Swifts Beziehung zu
Football-Star Travis Kelce abzielenden Zeile »You know how
to ball, I know Aristotle«) zu Fanlieblingen gemausert. In
Hochform zeigt sich Swift auch mit »imgonnagetyouback«
und »I Look in People's Windows«, vor allem aber mit »The
Prophecy«, das gute Gründe liefert, in ihm den Höhepunkt
(und ganz gewiss das traurigste Stück) des gesamten Doppel-
albums auszumachen. Welch wirkungsvoller Minimalismus!
Welch fabelhafte Bridge, die zeigt, wie viel emotionale Tiefe
sich mit nahezu gesprochenen One-Note-Melodien erzielen
lässt! Welch wohldosierte, zunächst ganz auf Sparsamkeit set-
zende, im Songverlauf aber zunehmend an orchestralem Back-

groundglanz gewinnende Produktion! Und schließlich: Welch bewegende, hochpoetische Lyrics über die Angst, (als Weltstar von der Größe Swifts) zum Alleinsein verdammt zu sein!

The Tortured Poets Department wurde in einer Zeit geschrieben und eingespielt, in der die arbeitswütige Swift selbst für ihre Verhältnisse unerhört viel um die Ohren hatte: Die »Eras Tour« war im vollen Gange, zwei Beziehungen gingen zu Ende. Kein Wunder also, dass sie das Album mit bewährten, ihr schon seit Jahren freundschaftlich verbundenen Mitstreitern aufnahm: Jack Antonoff und Aaron Dessner. Die Konsequenz: Mag *The Tortured Poets Department* musikalisch und klangbildlich auch wieder voll überzeugen, einen Aufbruch oder Wendepunkt im Swift'schen Schaffen markiert es nicht. Es ist kein *Red*, kein *Reputation*, kein *Folklore* und erst recht kein *1989*. Vielmehr bewegt sich Swift mit ihm erneut in jenem Terrain, das sie mit *Folklore*, *Evermore*, *Midnights* und den Vault-Tracks von *1989 (Taylor's Version)* abgesteckt hatte.

Zu einem etwas anderen Ergebnis kommt man beim Betrachten der Lyrics: Seit jeher ist man von Swift offenherzige Introspektionen ihrer selbst gewohnt. Doch auf *The Tortured Poets Department* gibt sie ihre zwischen Wut, Freude, Verzweiflung und Verachtung changierenden Gefühlslagen in einer Ungeschütztheit, ja Rohheit preis, die wir bis dato von ihr nicht kannten. Darüber hinaus verwendet sie eine Bildsprache, deren enigmatische Kühnheit mitunter frappierend ist. Der Verweis auf die Eingangsstrophe von »The Prophecy« genügt. Hier wird das Zerbrechen einer Liebesbeziehung mit dem – gegenüber der Bibel vielsagend abgewandelten – Sündenfallgeschehen verglichen: »Hand on the throttle / Thought I caught lightning in a bottle / Oh, but it's gone again / And it was written / I got cursed like Eve got bitten / Oh, was it punishment?« Es ist schon ein wenig verdächtig: Was ein österreichisches Forschungsteam 2024 via computergestützter linguistischer Analyse herausgefunden haben will – dass Pop-Lyrics seit Jahrzehnten immer simpler werden –, wollen gerade die Texte der weitaus erfolgreichsten Popmusikerin der Gegenwart partout nicht bestätigen.

Mach's noch einmal, Tay
TAYLOR'S VERSIONS

Am 31. März 2018 kehrte Swift an den Ort ihrer Entdeckung, das heißt auf die Bühne des Bluebird Cafe in Nashville, zurück. Für eine Dokumentation anlässlich des 35-jährigen Bestehens des Clubs gab sie ein kurzes Überraschungskonzert. Allein mit ihrer Akustikgitarre spielte sie einige Songs, darunter »Love Story«, »Shake It Off« und den in ihrer Version bis dahin noch unveröffentlichten »Better Man«. Unter den 40 bis 50 Gästen befand sich auch Scott Borchetta, und der fühlte sich sichtlich gebauchpinselt, als Swift dem Publikum noch einmal seine Schlüsselrolle zu Beginn ihrer Karriere erklärte. Dass sich die Kernzeile des »Better Man«-Refrains, »But I just miss you, and I just wish you were a better man«, aus ihrer Sicht bald schon auch auf ihren einstigen Entdecker und lange Jahre wichtigsten Mentor beziehen ließ, ahnte die Künstlerin zum damaligen Zeitpunkt noch nicht. Denn erst 2019 tat Borchetta, was Swift maßlos enttäuschte und ihren Zorn nach sich zog: Er verkaufte die Rechte an den Originalaufnahmen bzw. Masterbändern ihrer sechs Big Machine-Alben nicht, wie sie es sich seit langem gewünscht hatte, an sie, sondern an Scooter Braun. Bei ihm handelt es sich um einen wichtigen

1989 (Taylor's Version), 2023

Player im Musikbusiness, der als Manager neben Justin Bieber und Ariana Grande auch Kanye West repräsentierte und den Swift für die perfide West-Kardashian-Kampagne gegen sie mitverantwortlich machte. Schlimmer hätte es nicht kommen können.

Dass Braun durch Borchettas Verrat nach Gutdünken über ihre Musik befinden konnte und mit ihr Umsatz machte, war für Swift schlicht unerträglich. Und so kam ihr ein Gedanke, der einem Menschen mit weniger Willens- und Entschlusskraft wohl nicht gekommen wäre: Da ihr zwar nicht die Rechte an den Masterbändern, wohl aber an den Kompositionen der Songs gehörten, würde sie ihre ersten sechs Alben einfach noch einmal aufnehmen. Die Originalbänder der Re-Recordings bzw. »Taylor's Versions« würden dann selbstverständlich niemand anderem gehören als ihr selbst – mit der logischen Folge, dass nur sie an den Verkäufen und Streams verdienen würde und die Entscheidungshoheit über künftige Lizenzierungsanfragen für TV, Kino und Werbung allein bei ihr läge. So sieht künstlerische Selbstermächtigung bzw. ein souveräner Boss Move im Kampf um die Kontrolle über das eigene Schaffen aus!

Fearless (Taylor's Version) kam im April 2021 heraus, und kaum hatte man die ersten Takte des Titelstücks und Openers gehört, war klar: Swift ging es dezidiert nicht um Neuinterpretationen wie beispielsweise U2, die für *Songs of Surrender* ihre alten Hits in Unplugged-Manier nachzupften und dergestalt der gähnenden Leere ihres schon seit Jahrzehnten restlos aufgebrauchten Ideenpools ungewollt Ausdruck verliehen. Swifts Ehrgeiz zielte vielmehr auf ein werktreues, nur im Detail nachjustiertes Noch einmal ab oder, wie sie es selbst sagte, auf »the same but better versions«. Dieser Vorgabe blieb sie auch auf *Red (Taylor's Version)*, *Speak Now (Taylor's Version)* und *1989 (Taylor's Version)* treu, die im November 2021, Juli 2023 und Oktober 2023 erschienen. Auch ihnen kann eine erstaunliche, bisweilen regelrecht gespenstisch anmutende Nähe zum jeweiligen Original bescheinigt werden. Man vergleiche nur das halb gelachte, halb gesprochene »That's so fun« am Ende von »Stay, Stay, Stay«. Nimmt man die Ersetzung der seinerzeit als Slutshaming gerügten Refrainzeilen aus »Better Than Revenge« aus (an die Stelle von »She's better known for the things that she does / On the mattress« trat das unverfängliche »He was a moth to the flame / She was holding the matches«), so kommt es letztlich allein über den Gesang zu einer merklichen Differenz. Denn Swifts Stimme hat sich über die Jahre signifikant entwickelt, sie klingt auf den Neuaufnahmen entschieden ausgebildeter und reifer. Das kann man besser finden, muss man aber nicht. Denn Swifts frühe Stücke punkten in beachtlichem Maße durch den juvenilen Elan, der in den Originalversionen nicht zuletzt durch ihre jugendlich-unfertige Stimme transportiert wird.

Hinsichtlich der Verkaufs- und Streamingzahlen liefen die Neuversionen der Alben, die mit Ausnahme von *Fearless (Taylor's Version)* ein Rollout bekamen, als handelte es sich bei ihnen um reguläre Neuerscheinungen, den ursprünglichen sogleich den Rang ab – erwartungsgemäß, muss man angesichts der schier unüberbietbaren Loyalität der Swifties ihrem Idol gegenüber sagen. Sollte es allerdings Teil von Swifts Plan gewesen sein, Braun bzw. der Shamrock Holdings, die die Masters 2020 von ihm erworben hatte, durch ihre Versionen finanziell eins auszuwischen, so wäre ihre Rechnung nicht aufgegangen. Die alten Alben wurden durch die neuen nämlich nicht verdrängt und erst recht nicht eliminiert, sondern gleichsam mit nach oben gerissen. Der Grundsatz, dass, wann immer Swift neuen musikalischen Content liefert, auch ihr Backkatalog massiv profitiert, bestätigte sich also einmal mehr – genauso wie jener, dass Swift Personen, die sich ihren Zorn zugezogen haben, nicht ungeschoren davonkommen lässt. Wer sich also fragt, wer mit dem arglistigen »spider boy« aus der zweiten Strophe von »Karma« gemeint sein könnte, dem liefern die Initialen von Scott Borchetta und Scooter Braun einen guten Anhaltspunkt.

Swifties und woran man sie erkennt:

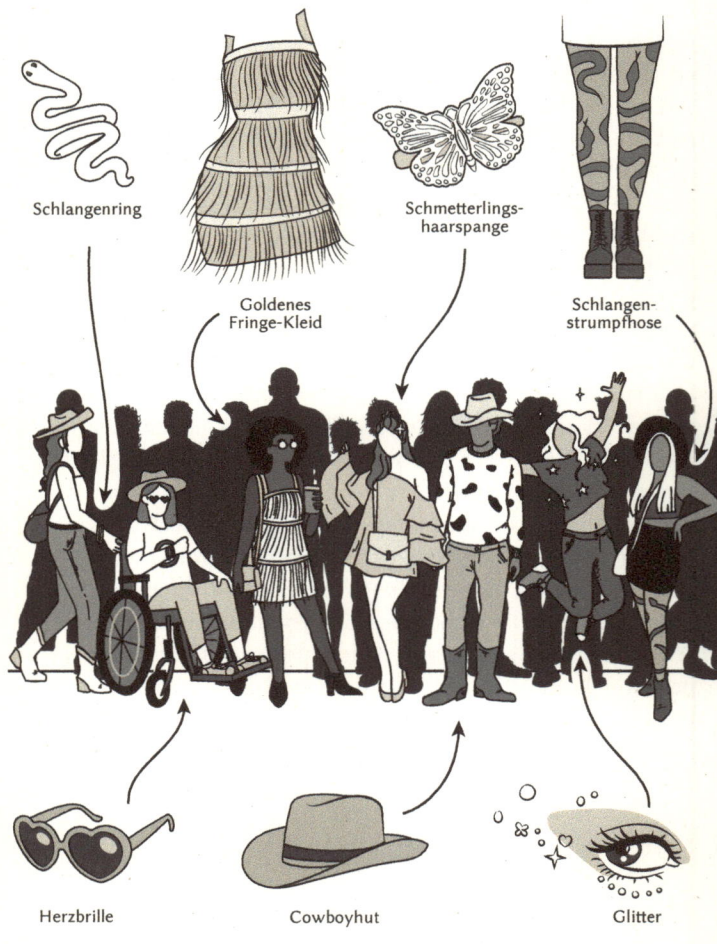

Schlangenring

Goldenes
Fringe-Kleid

Schmetterlings-
haarspange

Schlangen-
strumpfhose

Herzbrille

Cowboyhut

Glitter

Starbucks-Lovers-
T-Shirt

Cardigan

Taylor
Swift
Concert

These
fries need
tickets!

Roter Schal

Cowboystiefel

13 + Freundschaftsarmbänder

13

Auf anderen Bühnen

Politisches Coming-out

Um das soziale Miteinander zu beschreiben, greift der kanadisch-amerikanische Soziologe Erving Goffman (1922–1982) auf das Vokabular des Theaters zurück. Hierbei unterscheidet er unter anderem zwischen Vorder- und Hinterbühne. Auf Ersterer sind wir dem Blick der anderen ausgesetzt. Konsequenz: Wir spielen eine Rolle. Auf Letzterer hingegen fühlen wir uns unbeobachtet, das heißt, wir können die Maske fallen (und die Zügel unserer Selbstkontrolle schleifen) lassen. Dass Dokumentationen über Stars einen unverkennbaren Zug zur Hinterbühne haben und am liebsten zum Star unter die Bettdecke kriechen würden (siehe *In Bed With Madonna*, den Titel, unter dem die Madonna-Doku *Truth or Dare* in Deutschland vertrieben wurde), wäre damit geklärt. Schließlich treten sie mit dem Anspruch an, den Star so zu zeigen, wie er ›wirklich‹ ist. Dies freilich hat zur Voraussetzung, dass er selbst sich gleichsam unzensiert zeigt, und das pflegt er nun einmal nicht auf der Vorder-, sondern nur auf der genau aus diesem Grund authentizitätsversprechenden Hinterbühne zu tun. Vergessen oder aber listig ins Kalkül gezogen wird dabei natürlich, was es auch bei jedem 08/15-Reality-TV-Format mit Normalmenschen zu bedenken gilt: dass die anwesende Kamera jedwede Hinterbühne, sei es der Backstagebereich, der Privatjet oder die heimische Wohnzimmercouch, sofort in eine Vorderbühne verwandelt, auf der – zumindest potentiell – eine Show abgezogen wird. Bei der Entscheidung, ob dies der Fall ist oder nicht, halten wir uns an Authentizitätsmarker: Tränen etwa. Wo sie fließen, liegt echte Traurigkeit, echte Rührung oder echte Freude vor – oder doch nur schauspielerische Kompetenz?

Gemäß ihrem Trailer, der uns Blicke »behind the fame« und »behind the songs« sowie »beyond everything you think you know« in Aussicht stellt, ist auch *Miss Americana*, die 2020 erschienene Netflix-Doku über Taylor Swift, zutiefst hinterbühnenfixiert. Auch in ihr fließen Tränen, und zwar unter anderem in jener Szene aus dem Jahr 2018, in der Swift ihren Beratern (wir sehen durchweg ältere Männer, darunter ihren Vater) erklärt, dass diese sie nicht davon abbringen werden, sich anlässlich der anstehenden Midterm Elections öffentlich gegen Trumps ultrarechte Tennessee-Kandidatin Marsha Blackburn auszusprechen. Anlass, die Echtheit der Tränen anzuzweifeln, die Swift in die Augen schießen, während sie die ebenso frauen- wie homofeindliche Agenda Blackburns referiert, haben wir nicht. Im Kontext der Doku ist die Szene leicht als Antwort auf einen kurz zuvor gezeigten Ausschnitt aus der Letterman-Show vom 23. Oktober 2012 identifizierbar. Damals hatte die 22-jährige Swift verkündet, sie habe nicht das Recht, anderen Wahlempfehlungen zu geben (»It's my right to vote, but it's not my right to tell other people what to do«).

Miss Americana ist vieles, vor allen Dingen aber eine Auseinandersetzung mit Swifts politischem Coming-out als Gegnerin von Trump und Trumpismus. Dass dieses (viel zu) lange auf sich hat warten lassen, gibt Swift unumwunden zu, und auch bei der Frage nach dem Warum ist sie um keine Antwort verlegen: Sie hatte das seitens ihrer Plattenfirma und ihres Beratungsstabs gebetsmühlenartig wiederholte »Don't be like the Dixie Chicks!« ganz und gar verinnerlicht. Ihr politisches Schweigen war demnach die Konsequenz der Angst, ihre Karriere (und vielleicht nicht nur sie) könnte Schaden nehmen. Zur Erinnerung: Am 10. März 2003, neun Tage vor der Irak-Invasion durch US-amerikanische Truppen, hatte Natalie Maines, Frontfrau und Sängerin der Dixie Chicks, während eines Konzerts erklärt, dass sie und die Band einen militärischen Einsatz im Irak strikt ablehnten und sich dafür schämten, dass der kriegstreibende Präsident George W. Bush wie sie selbst aus Texas stamme. Hierfür beschimpfte man die drei Musikerinnen als Landesverräterinnen und »Saddam's angels«, Radiostationen landauf, landab boykottierten ihre Songs, ihre CDs wurden öffentlich vernichtet, ja, die Band erhielt sogar anonyme Morddrohungen. Ob die Folgen ähnlich schwerwiegend gewesen wären, wenn es sich bei den Dixie Chicks nicht um eine Country-Formation gehandelt hätte, wenn also das Gros ihrer Hörer:innen nicht stramm republikanisch und noch dazu angesichts der landesweiten Post-9/11-Paranoia patriotisch aufgeputscht gewesen wäre? Wir wissen es nicht. Angesichts der Anfeindungen gegenüber den Dixie Chicks sah man sich im Umfeld Swifts aber gut beraten, wenn sich diese nicht politisch und erst recht nicht prodemokratisch äußerte.

Bekanntlich heizte sich das politische Klima in den USA im Vorfeld der Präsidentschaftswahlen 2016 immens auf. Viele Stars bezogen Position, die meisten von ihnen, wie Beyoncé, Jay-Z, Ariana Grande und Katy Perry, gegen Trump. Swift indes schwieg. Das wiederum wurde vielfach zum Anlass genommen, sie für eine verkappte Trump-Anhängerin mit extrem reaktionärer Gesinnung zu halten. Besonders weit in diese Richtung gingen Teile der rechtsradikalen Alt-Right-Bewegung, bei deren Anhänger:innen sich die weiße, blonde und blauäugige, sich damals mit vielen weißen, blonden Normschönheiten umgebende Musikerin einer ausgesuchten Beliebtheit erfreute. Manche sahen in ihr gar eine »arische Göttin«, der zu huldigen sei. »Es ist erwiesen, dass Taylor Swift insgeheim ein Nazi ist und nur darauf wartet, bis es ihr Donald Trump erlaubt, sich zu outen und ihre arische Agenda der Welt zu verkünden. Sie wird sich wahrscheinlich mit Trumps Sohn verloben, und die beiden werden zu amerikanischen Royals gekrönt.« Diese und vergleichbare Abstrusitäten und Geschmacklosigkeiten konnte man auf neonazistischen Seiten wie *The Daily Stormer* über Swift lesen, der bereits 2013 von einer Pinterest-Userin Hitler-Zitate in den Mund gelegt wurden und – Hillary Clinton hatte das Rennen ums Weiße Haus mittlerweile verloren – deren »Look What You Made Me Do« für rechtsradikale Exegesen herhalten musste. Der Song, so gab man sich überzeugt, thematisiere die durch Trumps Sieg herbeigeführte Make-America-Great-Again-Zeitenwende. Mit Zeilen wie »Honey, I rose up from the dead« feiere Swift den unverhofften Aufstieg ihres politischen Idols. Hierzu wollte es natürlich bestens passen, dass Trump bis dahin als ausgesprochener Swift-Fan galt.

Dies änderte sich schlagartig, und zwar als Swift angesichts der Zwischenwahlen 2018, wie oben erwähnt, politisch laut wurde. Vor laufender Kamera auf die Kritik des Superstars an Marsha Blackburn angesprochen, zeigte sich Trump, der nur zwei Tage später von seinem MAGA-Käppi tragenden Freund

Kanye West Besuch im Oval Office erhalten sollte, sichtlich enttäuscht. Er möge Swifts Musik nun »about 25 % less«, so seine Reaktion. Dass ihre Songs im Folgenden in der Präsidentengunst erneut Boden gut gemacht haben, wird man getrost ausschließen dürfen. Denn Swift, die noch keinem Kampf aus dem Weg ging, wenn ihn zu führen ihr notwendig erschien, meldete sich von nun an regelmäßig als entschiedene Gegnerin Trumps zu Wort. So beispielsweise Ende Mai 2020, als sie anlässlich Trumps berüchtigter Drohung, die eskalierenden Proteste im Nachklang der Ermordung George Floyds mit Waffengewalt niederzuschlagen (»When the looting starts, the shooting starts«), den folgenden Tweet postete: »After stoking the fires of white supremacy and racism your entire presidency, you have the nerve to feign moral superiority before threatening violence? ›When the looting starts the shooting starts‹??? We will vote you out in November.« Auch wenn es Trump bis heute nicht wahrhaben will und er an seiner Lüge vom Wahlbetrug festhält: Sie sollte recht behalten.

Feministin

Man kann sich lebhaft vorstellen, wie gut es sich für ihre unzähligen jungen weiblichen Fans angefühlt hat, als Swift 2012 bei den Grammy-Awards »Mean« präsentierte, jenen Song also, in dem sie gegen den Musikjournalisten Bob Lefsetz ihre Stimme erhob und dessen Refrain sie passend zum Anlass bei seiner dritten Wiederholung wie folgt abwandelte: »Someday I'll be singing this at the Grammys and all you're ever gonna be is mean.« Zwar war Swift damals bereits Anfang 20, aber durchaus noch jung genug, um zumindest halbwegs als eine von ihnen, den in unserer Gesellschaft weitgehend machtlosen Teenagerinnen, durchgehen zu können. Stellvertretend für sie nahm sie mit ihrer energischen Ich-lasse-mir-von-niemandem-etwas-bieten-Performance Rache an den patriarchalen Kräften – hier mustergültig repräsentiert durch den damals knapp 60-jährigen ›alten weißen Mann‹ Lefsetz –, denen man sich als weibliche Jugendliche oder junge Frau gewöhnlich zu beugen hat. Freilich geschah dies ohne bewusste feministische Agenda seitens Swifts. Die nämlich betrachtete sich zum damaligen Zeitpunkt noch nicht als Anwältin weiblicher Interessen. So gab sie in einem ebenfalls 2012 geführten Interview folgende, für manche etwas enttäuschende Worte zu Protokoll: »Ich denke nicht wirklich in Kategorien wie Jungs gegen Mädchen. Das habe ich nie getan. Meine Eltern haben mir beigebracht, dass man es im Leben weit bringen kann, wenn man so hart arbeitet wie die Jungs.«

Zwei Jahre später sah dies bereits gehörig anders aus, und wenn man Swift Glauben schenken darf, so verdankt sie ihre Wandlung zur Feministin dem Vorbild des für Film und Fernsehen tätigen Multitalents Lena Dunham. Die damals als *feminist celebrity* par excellence gehandelte Schöpferin der erfolgreichen HBO-Serie *Girls* hatte sich via Twitter-Nachricht um die Freundschaft der Musikerin bemüht (»Can we be friends please?«) und wurde kurz darauf in deren »Squad« aufgenommen. Unter dieser Bezeichnung firmierte Swifts illustrer, zumal aus Supermodels und Schauspielerinnen (unter anderem Karlie Kloss, Gigi Hadid, Cara Delevingne und Hailee Steinfeld) bestehender Freundinnenkreis, der in der *1989*-Ära eine etwas zweifelhafte Berühmtheit erlangte. Öffentlichkeitswirksam und zu jeder Sekunde instagrammable wurde die Frauenfreundschaft zelebriert, man besuchte dieselben exklusiven Events, ließ sich beim gemeinsamen Feiern und Urlaubmachen ablichten, strahlte kollektiv in die Kameras, postete, postete, postete – und hielt das alles für *female empowerment.* Dass das nicht jeden überzeugte, versteht sich von selbst. Stattdessen wurde Swift und ihrer Clique zum Vorwurf gemacht, mit ihren streng kuratierten Selbstdarstellungsexzessen der reaktionären Idee eines an Normschönheit und Celebrity gekoppelten, zudem durchweg weißen Feminismus nicht nur aufzusitzen, sondern zuzuarbeiten. »Swift sollte ihre widerwärtige Nazi-Barbie-Masche sein lassen, bei der sie Freunde und Celebrities als Requisiten für ihre Auftritte benutzt«, ätzte, sich im Ton natürlich fürchterlich vergreifend, die feministische Kulturwissenschaftlerin Camille Paglia.

Während der »1989 World Tour« enterte Swifts Squad zu »Style« die Bühne. Doch seinen spektakulärsten Auftritt hat es im Video zu »Bad Blood«, einem längst ikonisch gewordenen, irgendwo zwischen *Hunger Games* und *Kill Bill* angesiedelten Action-Kurzfilm, der im Schulterschluss mit den »Blank Space«- und »Shake It Off«-Clips der gesamten Gattung ›Musikvideo‹ ihren Weg zurück zur popkulturellen Relevanz ebnete. In seiner spiegelglatten Sci-Fi-Welt mögen Swift und ihre BFFS als waffenstarrende Amazonen zwar ganz schön empowered aussehen, in erster Linie stellen sie aber nur ihre Sexyness zur Schau – mit Ausnahme von Dunham, die stattdessen genüsslich eine dicke, geradezu obszön phallische Zigarre pafft. Dass das Video kurzfristig für *bad blood* zwischen Nicki Minaj und Swift zu sorgen drohte, hatte folgenden Grund: »Bad Blood« war bei den MTV Video Music Awards 2015 in der Kategorie »Best Video of the Year« nominiert worden, das ebenfalls höchst erfolgreiche Video zu Minajs »Anaconda« hingegen nicht. Enttäuscht twitterte die Rapperin,

Versöhnung auf offener Bühne: Swift und Nicki Minaj bei den MTV Video Music Awards 2015

dass, um nominiert zu werden, ein Video Frauen »mit sehr schlanken Körpern« huldigen müsse. Swift fühlte sich angegriffen und warf Minaj vor, Frauen gegeneinander auszuspielen (»Vielleicht hat einer der Männer deinen Slot belegt …«), was Minaj nicht stehen lassen wollte: Sie habe nicht Swift, sondern allein die enteignende Aneignungspraxis der Musikindustrie kritisieren wollen, die die künstlerischen Ausdrucks- und Performanceweisen schwarzer Frauen zwar andauernd absorbiere, Letztere sowie deren Körper aber konsequent diskriminiere. Bei Swift fiel der Groschen. »Ich habe nicht begriffen, worum es geht, ich habe es missverstanden und mich dann falsch ausgedrückt. Es tut mir leid, Nicki«, postete Swift. Der von den Medien zum Twitter-Krieg hochgejazzte Austausch mit Minaj wurde für sie zu einer Art Crashkurs in Sachen Appropriation, *white privilege* und Intersektionalität.

Zum Zeichen dafür, dass zwischen ihnen beiden wieder alles gut war, performten Minaj und Swift schließlich auf der Bühne der MTV Video Music Awards gemeinsam Minajs »The Night Is Still Young« und »Bad Blood«, dessen Video erwartungsgemäß zum besten des Jahres gekürt wurde. Zudem feierte der Clip zu »Wildest Dreams« Premiere. Dieser spielt in den 50ern und erzählt von einer Romanze am Set einer Hollywood-Produktion à la *The Snows of Kilimanjaro*. Drehort ist die Serengeti, und die ist hier randvoll mit Klischees. Entsprechend sehen wir atemberaubende Landschaften und glühende Sonnenuntergänge, Swift in grandiosen Kleidern, einen Doppeldecker im Tiefflug über einer Büffelherde, zudem Giraffen, Zebras, Elefanten und Löwen. Was wir aber nicht sehen, sind Afrikaner:innen – eine, gelinde gesagt, unglückliche Regieentscheidung. Trotzdem war es aber natürlich blanker Unsinn, so zu tun, als handele es sich bei dem Video um Rudyard Kiplings »The White Man's Burden«, und Swift allen Ernstes zu unterstellen, sich die Zeiten des Kolonialismus zurückzuwünschen und von einem weißgewaschenen Afrika zu träumen.

Springen wir abermals zwei Jahre weiter, in den Dezember 2017: Wie stets brachte das *Time Magazine* seine mit Spannung erwartete »Person of the Year«-Ausgabe heraus. Ausgezeichnet wurden diesmal alle Frauen (und Männer), die mit der #MeToo-Bewegung das Schweigen über sexuelle Übergriffe gebrochen hatten. Auf dem Cover als »Silence Breakers« titu-

Dass Swift im Dezember 2017 aufs Cover der »Person of the Year«-Ausgabe des *Time Magazine* genommen wurde, sorgte für Irritationen.

liert, wurden sie stellvertretend durch fünf Frauen repräsentiert, darunter die Schauspielerin Ashley Judd, die als eine der ersten den Filmproduzenten Harvey Weinstein öffentlich der sexuellen Belästigung bezichtigt hatte, sowie die Softwareingenieurin Susan Fowler, durch die sich Uber als chaotisches, sexistisch vergiftetes Unternehmen an den Pranger gestellt sah. Dass man Judd und Fowler für das Titelbild ausgewählt hatte, versetzte niemanden in Erstaunen. Anders verhielt es sich dagegen mit Swift, deren Aufnahme aufs Cover vielen nicht recht einleuchten wollte, manche sogar verärgerte. Der Grund: Man kaufte der Singer-Songwriterin ihr lautstarkes Eintreten für Feminismus und Frauensolidarität nicht ab – und hatte auch dafür eine Erklärung. Denn wie ernst konnte es jemandem mit beidem sein, der dem Women's March ferngeblieben war, welcher am 21. Januar 2017 in Washington, D. C., stattgefunden hatte, also einen Tag, nachdem mit Trump ein Präsident ins Weiße Haus eingezogen war, über dessen Einstellung gegenüber Frauen (»Grab her by the pussy«) man nicht zu rätseln brauchte?

Und doch war Swifts Präsenz auf dem *Time*-Cover wohlbegründet. Schließlich war auch sie Opfer sexueller Belästigung geworden, und zwar bereits 2013, als ihr ein Radio-DJ namens David Mueller während eines Meet-and-Greet-Fototermins ungefragt unter den Rock und an den Hintern gefasst hatte. Mueller wurde entlassen, als Swift sich bei seinem Vorgesetzten beschwerte. Knapp zwei Jahre später verlangte Mueller, die Tat bestreitend, per Klage einen Millionenbetrag als Entschädigung. Swifts Anwälte konterten mit einer Gegenklage und forderten als symbolische Strafe einen Dollar von dem Grapscher. Weitere zwei Jahre danach kam es zum Prozess, der national und international für Schlagzeilen sorgte. Swift musste sich von Muellers Anwalt reihenweise dummdreiste Fragen gefallen lassen – etwa, warum auf dem Foto, das während des Übergriffs geschossen wurde, ihr Rock vorn nicht gekräuselt sei –, für deren wenig zimperliche und ausgemacht schlagfertige Beantwortung – »Weil sich mein Arsch (»ass«) auf der Rückseite meines Körpers befindet« – sie nicht nur von ihren Fans gefeiert wurde. Am Ende gaben ihr der verantwortliche Richter und die Geschworenen recht. Muellers Klage wurde abgewiesen, Swifts Gegenklage stattgegeben. Wie man hört, hat der Ex-DJ den Dollar aber bis heute nicht bezahlt.

Welch einschneidende Erfahrung der von ihr als außerordentlich erniedrigend empfundene Rechtsstreit mit Mueller

Als frischgebackene Ehrendoktorin hält Swift die *commencement speech* vor den Absolvent:innen der New York University.

für Swift bedeutete, wird nicht zuletzt in der oben bereits erwähnten *Miss Americana*-Doku kenntlich. In ihr kommt die Feministin Swift prominent zu Wort, zudem werden gleich mehrere Filmminuten dem Entstehungsprozess des *Lover*-Tracks »The Man« gewidmet. In ihm räsoniert Swift darüber, ein wie viel einfacheres Leben als Celebrity sie führen würde, wenn sie ein Mann wäre. Doch lässt sich der Song außerdem als eine Reaktion auf #MeToo lesen. Man denke hier nur an den ersten Pre-Chorus, dessen Zeilen »When everyone believes ya, what's that like?« implizit auf die schmerzliche Erfahrung verweist, dass einem als Frau nach einem sexuellen Übergriff nicht geglaubt wird.

Neben all ihren anderen Talenten ist Swift auch eine erstklassige Rednerin, die ihr Publikum mit Witz, Esprit, Selbstironie und Direktheit zu begeistern weiß. Hiervon konnte man sich bereits des Öfteren überzeugen, am eindrucksvollsten vielleicht am 18. Mai 2022, als sie von der New York University die Ehrendoktorwürde verliehen bekam und anschließend die *commencement speech* hielt, aber auch am 12. Dezember 2019, als sie den damals erstmalig vergebenen Billboard-»Woman of the Decade Award« erhielt. Dass der Preis an sie gehen würde, war einigermaßen klar, eine allzu ernstzunehmende Konkurrenz gab es nicht. Auch wird sich niemand darüber gewundert haben, dass Swift in ihrer Ansprache darauf verwies, was jeder im Saal sowieso wusste und woran sich auch Jahre danach nichts geändert hat: dass Frauen in der Popwelt den Ton angeben. Dass die Geehrte den größten Teil ihrer 15-minütigen Redezeit dazu nutzen würde, dem Musikbusiness durch die Offenlegung seiner frauenfeindlichen Strukturen die Leviten zu lesen, kam dann aber doch unerwartet. Swift blickte zurück auf ihren eigenen Werdegang bzw. den Lernprozess, den sie durchlaufen musste und der auf folgende Erkenntnis hinauslief: Das, was ihr über die Jahre hinweg widerfahren ist und von dem sie lange Zeit glaubte, es betreffe nur sie allein – dass man andere für ihren Erfolg verantwortlich machte, dass man nicht glauben wollte, sie würde ihre Songs selbst schreiben, dass man sie ob ihres Körpers, ihrer Kleidung und Beziehungen be- bzw. aburteilte und manipulativ und raffgierig schimpfte, wo sie doch nur wirtschaftlich versiert agierte –, widerfährt erfolgreichen Musikerinnen generell. Mit anderen Worten: Mag Swift auch eine Ausnahmekünstlerin sein, als Frau im Musikbusiness, der der misogyne Wind hart ins Gesicht weht, ist sie eine unter vielen.

Swift wird gecovert

Wie es sich für die größte Songwriterin der Gegenwart gehört, wird Taylor Swift rauf und runter gecovert. Doch im Gegensatz beispielsweise zu Bob Dylan, dessen Songs bereits rasch nach Erscheinen, etwa durch die Byrds, Them oder Jimi Hendrix, kongenial interpretiert wurden, ist das Feld der geglückten, den Originalen selbstbewusst gegenübertretenden Swift-Coverversionen noch so gut wie gar nicht bestellt. Es gibt nur wenige hörenswerte Ausnahmen:

1. Scott Bradlee's Postmodern Jukebox: »Look What You Made Me Do« (2017)
2. Maggie Rogers: »Tim McGraw« (2018)
3. Olivia Rodrigo: »Cruel Summer« (2020)
4. Sabrina Carpenter: »I Knew You Were Trouble« (2023)

Rogers', Rodrigos und Carpenters Interpretationen wurden von Swift begeistert aufgenommen.

LGBTQ-Ikone oder Queerbaiter?

Bestehen die Mauern einer Burg aus Ziegel- bzw. Backsteinen? Eher nicht. Sie bestehen aus schlichten Steinen. Insofern wirkt das sprachliche Bild, das Swift in den beiden Eingangszeilen ihres fulminanten »New Romantics«-Refrains bemüht – »'Cause baby, I could build a castle / Out of all the bricks they threw at me« –, einigermaßen schief. Man fragt sich: Ist der besten Songwriterin ihrer Generation bei einem ihrer unbestreitbar besten Songs ein Fauxpas unterlaufen oder hat sie einfach nur schlampig getextet? Nichts dergleichen! Zumindest behaupten dies die sogenannten Gaylors, jene Gruppe von Swifties also, die im festen Glauben lebt oder es sich zumindest sehnlichst wünscht, dass ihr Idol insgeheim queer ist und in seinen Songs immer wieder geheime Botschaften platziert, die hierauf verweisen. Folgt man der orthodoxen Gaylor-Lesart, so ist klar, worauf Swift mit den zitierten Zeilen anspielt: auf die als Wendepunkt in der Geschichte des Gay Rights Movement gehandelten Stonewall-Unruhen im Juni 1969 und die im Zentrum ihrer Mythisierung stehende Frage »Who threw the first brick?« Diese ist bis heute unbeantwortet geblieben, in der LGBTQ-Community aber längst als Meme verbreitet, um Gay Icons zu ehren. Judy Garland, Kylie Minogue, Beyoncé – sie alle wurden bereits zur initialen Werferin erklärt. So charmant die Gaylor-Deutung des »New Romantics«-Sprachbildes auch sein mag, dieses bleibt schief und ist es nun auch noch auf der Ebene des mit ihm Gemeinten. Denn der »first brick« wurde bekanntermaßen auf die Polizei geworfen, die die Razzia des Stonewall Inn durchzuführen versuchte, nicht auf dessen queere Besucher:innen, wie es die entsprechende Lesart des »New Romantics«-Refrains nahelegen würde.

Ob Swift mit »New Romantics« auf Stonewall hat Bezug nehmen wollen oder nicht: Belegt ist, dass sie am 14. Juni 2019, also 50 Jahre nach den Unruhen und mitten im Pride Month, überraschend auf der winzigen Bühne des Stonewall Inn auftauchte, um »Shake It Off« zum Besten zu geben – und nicht zuletzt auch ihre am selben Tag erschienene Single »You Need to Calm Down« zu promoten. Dass diese zur LGBTQ-Hymne avancierte, verdankt sich ihrer zweiten Strophe mit Zeilen wie »Why are you mad / When you could be GLAAD?« und »'Cause shade never made anybody less gay«, aber auch ihrem aufwändig produzierten Video, das nur wenige Tage später uraufgeführt wurde. In einem kunterbunten Trailerpark spielend, feiert es die LGBTQ-Kultur und verurteilt ihre Hater, die mit ihren hasserfüllten Mienen und homofeindlichen, von orthographischen Fehlern strotzenden Protestschildern die allgemeine Fröhlichkeit aber nicht im Mindesten trüben. Swift konnte zahlreiche queere Celebrities für Cameos gewinnen, darunter Talkshowmoderatorin und Komikerin Ellen DeGeneres, Dragqueen RuPaul, Sängerin und Schauspielerin Hayley Kiyoko sowie den *Queer Eye*-Cast. Um den Clip in all seinem Anspielungsreichtum zu erfassen, schaue man sich eines der (überwiegend sehr scharfsichtigen) Erklär- und Dekodierungsvideos an, die Die-hard-Fans zuhauf hochladen. Dann erfährt man, was man ansonsten womöglich übersehen oder nicht recht verstehen würde: etwa, dass das im Fenster eines Trailers hängende »Rent«-Schild auf das gleichnamige Broadway-Musical anspielt, in dem Queer Issues dominant verhandelt werden, dass eine der von Swift getragenen Perücken mit ihren Farben Blau, Pink und Lila jene der Bisexuellen-Flagge aufnimmt und dass der *Deadpool*-Darsteller Ryan Reynolds gegen Ende des Clips gerade dabei ist, ein Bild vom Stonewall Inn zu malen. Das Video schließt mit einem Call-to-Action: Man solle den Equality Act unterstützen, der den Schutz queerer Menschen vor Diskriminierung gewährleistete. Bereits am 1. Juni 2019 hatte Swift per offenem Brief den republikanischen Senator Lamar Alexander ihres Heimatstaats Tennessee dazu aufgerufen, das in Washington zur Abstimmung anstehende, von der LGBTQ-feindlichen Trump-Administration aber abgelehnte Gleichstellungsgesetz zu unterzeichnen. Zugleich appellierte sie an ihre Fans, es ihr gleichzutun und ihre eigenen Senator:innen anzuschreiben. Wenige Monate später wurde sie, wie vor ihr unter anderem Cher, Beyoncé, Jay-Z, Britney Spears und Antonio Banderas, mit dem Vanguard Award der LGBT Media Advocacy Organization (GLAAD) ausgezeichnet.

Wer glaubt, Swifts Eintreten für die LGBTQ-Community werde von dieser vorbehaltlos gewürdigt, liegt allerdings falsch. Auch zur LGBTQ-Ikone will sie bislang noch nicht recht taugen. Die Tatsache, dass sie auf der »Eras Tour« bei »You Need to Calm Down« die Stadien in Regenbogenfarben leuchten ließ, änderte daran nichts. Dies hat Gründe: So wird der Superstar beharrlich dafür kritisiert, erst reichlich spät und zu einer Zeit aktiv geworden zu sein, als dies keinerlei Risiken mehr barg bzw. zur regelrechten Mode verkommen sei. Gern wird in diesem Zusammenhang auf Lady Gagas kraftvolle LGBTQ-Hymne »Born This Way« verwiesen, die bereits knapp zehn Jahre vor »You Need to Calm Down« erschienen war. Doch was noch schwerer wiegt: Swift wird Kalkül unterstellt bzw. vorgeworfen, Queerbaiting zu betreiben. Ursprünglich bezog sich der Begriff auf bestimmte fiktionale Medienprodukte, etwa Filme oder TV-Serien. Diese ködern (engl.: to bait) das queere und queerfreundliche Publikum durch Plotlines, Figuren etc., die Queerness in Aussicht stellen. Sie lassen diese aber nie explizit werden, um nicht Gefahr zu laufen, konservative Zielgruppen zu verschrecken. Ein Musterbeispiel hierfür ist die erfolgreiche BBC-Serie *Sherlock*, in der Beziehungsstatus und sexuelle Orientierung der beiden Protagonisten Sherlock Holmes und Dr. Watson fortwährend in der Schwebe bleiben.

Wie das Beispiel Swift zeigt, wird mittlerweile nicht mehr nur Film- und Serienmacher:innen Queerbaiting angelastet, sondern auch und vor allem realen Celebrities. Ins Fadenkreuz geraten dabei Stars, die sich für Queerness stark machen und/

oder queere Kultur appropriieren und/oder sich queer geben, sich aber nicht, wie Lady Gaga, explizit als queer identifizieren. Neben Swift gilt dies etwa auch für ihren Ex Harry Styles, der mit seinen flamboyant-femininen Camp-Outfits Aufmerksamkeit generiert. So verständlich ein gewisses Unbehagen ist, wenn sich Berühmtheiten vom sicheren Hafen der (ihnen vom Mainstream zumindest unterstellten) Straightness aus jener queeren Zeichen bedienen, die queeren Menschen in einer queerfeindlichen Gesellschaft sehr handfeste Probleme bereiten können – unproblematisch ist der Queerbaiting-Vorwurf gegenüber realen Personen natürlich mitnichten. Schließlich insinuiert er, dass die sexuelle Orientierung sofort erkennbar und daher auch an festgeschriebene Codes gebunden sein müsse. Obendrein ist er an die Prämisse gekoppelt, dass die Öffentlichkeit ein gewisses Recht habe, darüber im Bilde zu sein, wen und wie der jeweilige Star liebt. Vom mitunter ganz erheblichen Outing-Druck, der von ihm ausgehen kann, ganz zu schweigen.

Swift hat sich zu den Queerbaiting-Vorwürfen nicht geäußert, aber wiederholt darauf hingewiesen – unter anderem 2019 in einem *Vogue*-Interview anlässlich des *Lover*-Release –, dass sie die Queer-Community unterstütze, ihr aber selbst nicht angehöre. Ihre medial weidlich ausgeschlachteten Beziehungen zu Männern scheinen die Aussage zu bestätigen. Die oben bereits erwähnten Gaylors freilich sehen dies ganz anders. Dasselbe gilt für deren Untergruppe, die Kaylors. Sie sind davon überzeugt, dass Swift eine Beziehung zu ihrer ehemals besten Freundin und Ex-Squad-Mitglied Karlie Kloss hatte – daher der Name: Karlie + Taylor = Kaylor. ›Beweismaterial‹ liefern ihnen etwa die intimen Fotos, die Swift und Kloss von ihrem im März 2014 gemeinsam unternommenen Kalifornien-Roadtrip auf Instagram posteten, oder aber ein angebliches Herumknutschen beider bei einem New Yorker The 1975-Konzert im Dezember 2014 (im Taylorverse firmiert der Vorfall, der nur durch ein reichlich unscharfes Handyvideo dokumentiert ist, als »Kissgate«).

Vor allem aber lesen Gaylors und Kaylors, wie oben gesehen, Swifts Lyrics queer, so wie es die Literaturwissenschaft beispielsweise mit den Gedichten von Emily Dickinson (1830–1886) praktiziert, einer von Swifts Lieblingsautorinnen. Dass sie damit heteronormative Deutungsreflexe à la »Dieser Song handelt von Jake (Gyllenhaal), dieser von Harry (Styles), dieser von Joe (Alwyn)« konterkarieren, ist erfrischend; dass ihre Hermeneutik selbstermächtigende Potentiale birgt, schwer zu leugnen. Und es sei ausdrücklich vermerkt: Die Gründe, sich einer solchen Hermeneutik zu bedienen, sind keineswegs an den Haaren herbeigezogen, wie oft behauptet wird, und das bisweilen derart lauthals, dass man meinen könnte, manchen sei schon allein der bloße Gedanke, Swift könnte queer sein, ein Graus. Immerhin laden nicht nur drei, fünf oder zehn Swift-Songs (zumal der späteren Alben) zu queeren Deutungen und Aneignungen ein, sondern mindestens zwei Dutzend, und das noch dazu mit ausgebreiteten Armen. Auch hier sei auf die im Netz vielerorts kommunizierte Expertise der Swifties bzw. G/Kaylors verwiesen. Diese erproben ihre queere Lektürepraxis bevorzugt unter anderem am bereits genannten »New Romantics«, an »Dancing With Our Hands Tied«, »The Archer«, »Betty«, »Illicit Affairs«, »Ivy«, »Cowboy Like Me« und »Lavender Haze«, vor allem aber am großen *Reputation*-Track »Dress«. Swifts sexuell explizitestes, lyrisch wie sonisch erotiksattes Stück, das noch dazu mit einer gesanglichen Orgasmus-Imitation glänzt (»Only bought this dress so you could take it off / Take it oh, ha, ha, ha-ah«), nimmt in ihrem Œuvre in etwa die Position ein, die dem Gedicht *Wild Nights – Wild Nights!* in jenem von Dickinson zukommt. Auf ihrer »Reputation Stadium Tour« widmete Swift es stets der lesbischen Tanzpionierin Loïe Fuller (1862–1928). Warum? Möglicherweise, um implizit daran zu erinnern, was angesichts solcher Zeilen wie »Everyone thinks that they know us / But they know nothing about« und »I don't want you like a best friend« als Deutungsoption unmissverständlich im Raum steht: dass der Song von einer geheimen lesbischen Beziehung erzählt.

Liest man die von starkem Engagement zeugenden Einlassungen der G/Kaylors, so gewinnt man den Eindruck, dass es ihnen nicht, zumindest nicht vordringlich, darum geht, Swift zu outen und damit wenn schon nicht dieser selbst, so aber zumindest der LGBTQ-Community einen Dienst zu erweisen. Vielmehr zielen ihre Lektüren und Spekulationen nur allzu offenkundig primär auf ihr ganz persönliches Verhältnis zu ihrem Idol und seiner Kunst ab, darauf also, beide noch stärker, noch inniglicher im eigenen Leben zu beheimaten und wirksam werden zu lassen. Man könnte es auch umgekehrt und mit der wohl prominentesten und reichweitenstärksten Kaylor überhaupt, der *Girls Can Kiss Now*-Autorin Jill Gutowitz, sagen: »Ich will, dass Taylor Swift gay ist, weil ich ihr mehr von mir selbst geben möchte.«

13

Vor der Bühne

Sterne, Stars und Stans

Dass der Star mit dem Himmelskörper, nach dem er benannt ist, vieles gemein hat, wurde oft betont, und das natürlich zu Recht. Immerhin sticht auch er, im Scheinwerferlicht stehend, leuchtend hervor und ist, als mediales Produkt, von verschiedenen Orten aus sichtbar. Auch zu ihm wird aufgeblickt. Ferner hat er für seine Fans – wie einst die Gestirne für die Seefahrer:innen – Orientierungsfunktion: Manche richten gar ihr gesamtes Leben nach ihm aus. Davon, dass dies mitunter fatale Folgen zeitigt, weiß Eminems im Jahr 2000 erschienene Hitsingle »Stan« zu berichten. Sie macht uns mit Stanley ›Stan‹ Mitchell bekannt, einem jungen, psychisch labilen Mann, der aus Frust, dass der von ihm maßlos verehrte Eminem seine Briefe unbeantwortet lässt, sich und seine schwangere Freundin umbringt. Ob es Eminem bei der Namenswahl für seinen fiktiven Antihelden um die Kofferwortqualitäten von »Stan« (Stalker + Fan = Stan) ging, sei dahingestellt. Fakt ist, dass im Popdiskurs der obsessive Fan dank Eminems Song bereits seit geraumer Zeit gern als Stan bezeichnet wird und der Begriff mittlerweile auch als Verb Verwendung findet. Zu behaupten:

»Ich bin ein Swiftie. Ich stane Taylor Swift«, wäre sprachlich also völlig korrekt.

Eminems Stan ist, wie das Objekt seines Stanings, männlich. Blickt man sich im Popbereich der jüngsten Zeit um, so wird man hingegen feststellen: Stans sind in weit überdurchschnittlichem Maße weiblichen Geschlechts (und werden deswegen bestenfalls nicht ernstgenommen, schlimmstenfalls offen diskreditiert). Zudem sind es vor allem Musikerinnen, die Stans um sich scharen. Neben Swift wäre beispielsweise an Beyoncé, Nicki Minaj, Ariana Grande und Lady Gaga zu denken, deren Stan-Communitys ebenfalls je eigene Namen tragen: Beyoncé wird von den Beys bzw. dem Beyhive gestant, Minaj von den Barbz, Grande von den Arianators und Gaga von den Little Monsters. Hinsichtlich ihrer Anzahl und ihrer popkulturellen Bedeutung können sie es mit den Swifties jedoch nicht im Mindesten aufnehmen. Dies lässt sich allein von den sich als Army (Adorable Representative M. C. for Youth, wobei M. C. für ›Military Committee‹ steht) bezeichnenden Anhänger:innen der südkoreanischen K-Pop-Boygroup BTS behaupten. Einige Tausend von ihnen sorgten im Juni 2020 für ein beachtliches Medienecho, als sie Trump seinen mit Spannung erwarteten Wahlkampfauftakt in Tulsa, Oklahoma, gründlich verdarben. Wie das? Sie hatten sich massenweise für das Event registrieren lassen, gingen aber letztlich nicht hin, so dass der damalige Noch-Präsident, der zuvor gewohnt großmäulig verkündet hatte, es habe Millionen Ticketanfragen gegeben, seine populistischen Lügentiraden vor halbleeren Rängen von sich geben musste. Wer angesichts dieser Aktion immer noch auf Max Horkheimers und Theodor W. Adornos *Dialektik der Aufklärung* verweist und Stans zu kulturindustriell hirngewaschenen Konsumzombies erklärt, der bzw. dem ist nicht zu helfen. Doch auch weniger spektakuläre, weniger offensichtlich subversive Stan-Praktiken zeigen zur Genüge, dass angesichts selbiger adornitischer Dünkel und Häme einigermaßen fehl am Platze sind, dass die Gefolgschaft eines Stars diesem mitunter vielmehr ausgesprochen kreativ und produktiv begegnet. Und zwar, wie es Vertreter:innen der Cultural Studies gutbegründet behaupten, um solche Bedeutungspotentiale zu aktivieren oder schlicht zu schaffen, die für den von Stan zu Stan je unterschiedlichen Lebensalltag Relevanz besitzen. Wir haben es bei den Exegesen der G/Kaylors gesehen: Mag Swifts »Dress« auch ›eigentlich‹ davon handeln, wie der Megastar seine noch junge Beziehung zum britischen Schauspieler Joe Alwyn vor den sensationshungrigen Augen der Öffentlichkeit verborgen zu halten sucht. Ihre spezifische Lektüre ermöglicht es den queeren Fans, die im Song beschriebenen Geheimhaltungsbemühungen und -notwendigkeiten mit ihren eigenen Erfahrungen als queere (und infolgedessen wohl oder übel mit Geheimhaltungspraktiken vertraute) Menschen in Beziehung zu setzen und dergestalt resonant werden zu lassen.

Populärkultur, so heißt es, bestehe in der Kunst, ›mit etwas auszukommen‹. Die G/Kaylors, denen ein hinreichend ergiebiges Angebot queerer/lesbischer Popmusik bis in die späten 2010er Jahre vorenthalten wurde, führen uns mit ihrer Hermeneutik vor, was damit gemeint ist – und lenken außerdem unser Augenmerk auf einen Aspekt von Swifts Songs, der für deren phänomenalen Erfolg wie kaum ein anderer verantwortlich sein dürfte. Er betrifft ihre (mittlerweile) allseits gefeierten, von der Swiftie-Community ganz und gar verinnerlichten Lyrics. Wie bereits vermerkt, speisen sich diese fast durchweg aus dem Erleben Swifts. Sie sind im höchsten Maße subjektiv, man könnte auch sagen: Autobiographie pur. Swift selbst bezeich-

Swifties vor der Skyline Nashvilles, wenige Stunden vor dem »Eras Tour«-Konzert am 5. Mai 2023

net sie als tagebuchartig. Zugleich belegt der Zuspruch seitens der bunt gemischten, alles andere als homogenen Fangemeinde, dass das Resonanzangebot, das die Lyrics offerieren, und somit das Spektrum, mit ihnen ›auszukommen‹, kaum größer, kaum breiter sein könnte. Übertrieben gesagt: Jede:r kann sie sich auf ihre bzw. seine ureigenste Weise, sei es konform oder nonkonform, aneignen, jede:r kann mit ihnen ›etwas machen‹. Dass uns dieses ›etwas‹ nicht per se gefallen muss, haben wir anhand der haltlosen Swift-Lektüren der Alt-Right gesehen.

Um einen Begriff des britischen Medien- und Kulturwissenschaftlers John Fiske zu bemühen: Swifts Lyrics sind mustergültige »produzierbare Texte«. Bei ihnen gehen Zugänglichkeit (die wir gewöhnlich mit populären, auf Massenappeal ausgerichteten Werken verbinden) und Deutungsoffenheit (die wir üblicherweise der Höhenkammliteratur zuschreiben) Hand in Hand. Sie alle warten mit Lücken und Leerstellen, mit *blank spaces* auf. Mal sind diese größer, mal kleiner. Manche von ihnen irritieren mich aufs Nachhaltigste. Oder was, bitte schön, hat den gestrengen Vater aus »Love Story« letztlich davon überzeugt, dass Romeo doch der Richtige für seine Tochter sei?

Die Erde bebt

Seit den Beatles zur Zeit der Beatlemania (1963 bis 1965) ist Swift weltweit der einzige Star, dessen Anhänger:innen es wieder und wieder in die internationalen Schlagzeilen schaffen – so als seien diese selbst Stars. In jedem Falle aber sind sie eine Macht, und zwar eine exorbitanten Ausmaßes. Mal sorgt sie dafür, dass die Website des Kartenanbieters Ticketmaster zusammenbricht (der Ansturm auf die »Eras Tour«-Karten war einfach zu groß), mal, dass die Erde bebt, und das nicht etwa im bloß metaphorischen Sinne, sondern wortwörtlich. So geschehen am 22. und 23. Juli 2023 in Seattle, als die jeweils 70 000 frenetischen Fans der beiden dortigen Swift-Konzerte die Instrumente des Pacific Northwest Seismic Network heftig und noch dazu im Takt ausschlagen ließen. Bei »You Belong With Me« und »Shake It Off« wurde die Stärke 2,3 auf der Erdbebenskala erreicht. Die Presse sprach vom »Swift Quake« und fügte damit dem reich bestückten Begriffsarsenal des Taylorverse einen weiteren Terminus hinzu.

Dass die Swifties nicht nur eine für seismische Irritationen sorgende Macht sind, haben schon viele erfahren müssen – einige von ihnen zu ihrem eigenen Leidwesen bzw. als Zielobjekt des niemals erschlaffenden Verteidigungsreflexes von Swifts Gefolgschaft. Ist Letztere der Meinung, ihrem Idol widerfahre Unrecht, formiert sie sich kurzerhand zum Empörungskollektiv, das von »You Need to Calm Down« nichts wissen will. Stattdessen rollt der Shitstorm an. Unter anderem Jillian Mapes kann ein Lied davon singen. Die Musikkritikerin hatte Swifts *Folklore* besprochen, und das nicht etwa negativ, sondern, im Gegenteil, sehr positiv. Das Album erhielt acht von zehn Sternen. Das aber war einigen von der Unfehlbarkeit Swifts überzeugten Swifties entschieden zu wenig. Und so dauerte es nicht lange, bis Mapes' Telefonnummer und Adresse im Netz kursierten und Mord- sowie Wir-zünden-dein-Haus-an-Drohungen im Postfach der Journalistin eintrudelten. Dies in Rechnung gestellt, hätte das als Gag lancierte Tik-Tok-Video, das der Schauspieler und Swift-Ex Taylor Lautner anlässlich der Veröffentlichungsankündigung von *Speak Now (Taylor's Version)* hochlud und das ihn beim »praying for John« (Mayer) zeigt, durchaus ernstgemeint sein können – so wie es Swifts kurz darauf während ihres Konzerts in Minneapolis an ihre Fans gerichtete Bitte, vom Cybermobbing gegenüber Mayer abzusehen, tatsächlich war. Auch Mayer selbst rührte sich, und das gewiss nicht zufällig just an dem Tag, an dem *Speak Now (Taylor's Version)* und damit das Re-Recording von »Dear John« endlich erschien. Er postete via Instagram drei Worte. Sie bedurften keines Kommentars: »Please be kind«.

Ist es ein Trost, dass auch die Beys keinerlei Spaß verstehen und eine verdammt kurze Lunte haben, wenn sie Queen Bey angegriffen wähnen? Vermutlich nicht. Man muss sich wohl einfach damit abfinden: Dort, wo sofortige Affektabfuhr noch dazu gefahrlos möglich ist – in den Sozialen Medien –, ist sie üblich und meist wenig erquicklich. Swifties sind keine besseren Menschen. Und doch könnte man es sich bisweilen einreden. Man schaue sich etwa das umgehend viral gegangene Tik-Tok-Video jenes Vaters an, der während eines Swift-Konzerts in Philadelphia gemeinsam mit seiner zehnjährigen Tochter die – mit 83 Wörtern in 25 Sekunden geradezu logorrhoisch zu nennende – Bridge von »Cruel Summer« mitsingt. Drei Monate, so verrät es die Überschrift, habe er sie für diesen familiären Primetime-Moment einstudiert, und man darf sicher sein: Es hat sich gelohnt. Millionen Swifties gilt er nun als der beste Papa der Welt. Zudem gibt er, der das Video sichtlich selbst aufgenommen hat, ein hervorragendes Beispiel dafür ab, wie Swifts Konzerte von den Swifties (oder ihren Angehörigen) als Anlass und Ressource genutzt werden, um ›Eigenes‹ herzustellen, in diesem Fall das Dokument eines Vater-Tochter-Bonding-Augenblicks der besonderen Sorte. Vergleichbares gilt selbstredend auch für jene Fans, die zu »Love Story«, oder besser noch: synchron zu dessen Textzeile »He knelt to the ground and pulled out a ring«, vor ihrer Partnerin bzw. ihrem Partner auf die Knie gingen und Heiratsanträge machten – und dabei von zig Umstehenden gefilmt wurden.

Dass derlei Aktionen – die Fanforschung fasst sie unter dem Label »zweite Produktion« – nichts mit mangelndem Respekt vor Swift zu tun haben, muss nicht eigens betont werden. Und auch über die vielen anderen Konzertclips, die, von Swifties gemacht und ins Netz gestellt, diese statt Swift zeigen, sollte man sich nicht wundern. Sie bilden schlicht nur die Realität ab. Schließlich sind bei einem Swift-Konzert immer zwei Attraktionen zu bestaunen: Swift *und* die Swifties. Letztere verwandeln, so war im *New Yorker* zu lesen, angestammte Stätten männlicher Aggression (Football- und Fußballstadien) in Refugien weiblichen Frohsinns, wobei sie die auratische, vielfach monatelang herbeigesehnte leibhaftige Anwesenheit ihres Idols dazu verwenden, dieses, aber auch sich selbst zu feiern. Man könnte es auch anders sagen: Wer einmal eine Swift-Show besucht und das Zusammenspiel der Sängerin mit ihren gleichgesinnten wie gleichgestimmten Fans und Stans von seiner, wenn man so will, sonnigsten Seite erlebt hat, die bzw. der kann beurteilen, wie unzeitgemäß, vor allem aber autoritär es ist, wenn Musiker:innen wie die Gesangsakrobatin Adele auf Konzerten ihre Fans anpflaumen, sie sollten doch endlich mal das Handy ausmachen und dem Bühnengeschehen ihre ganze Aufmerksamkeit widmen.

Ständig Ostern

Swifties feiern stets und ständig Ostern. Oder genauer: Sie begeben sich immerzu auf die Suche nach Ostereiern bzw. *Easter eggs*, das heißt geheimen Hinweisen, Anspielungen und Teasern Swifts, der kryptische Botschaften, so hat sie wiederholt betont, die liebsten seien. Entsprechend versteckt sie sie förmlich überall, sei es in ihrer Kleidung oder ihrem Schmuck, sei es in den Booklets und Covern ihrer Alben, den Set-Designs ihrer Tourneen und Auftritte, ihren Reden, Social-Media-Posts oder Musikvideos. Bereits zu Zeiten ihres Debüts ging es damit los. Keine Frage: Swift ist die, man verzeihe mir die Formulierung, Oberosterhäsin der Popmusik, und die Swifties begeben sich nur allzu willig auf ihre Spur. »Ich habe sie darauf trainiert«, sagt sie unverblümt und klingt dabei geradezu maliziös. Zweifellos: Wer mit Adornos Kulturindustriekeule auf Swift und ihre Fans losgehen wollte, ließe es sich gewiss nicht entgehen, diese Worte zu zitieren.

Doch wie funktioniert ein typisches Easter egg à la Swift? An und für sich ganz simpel. Hier ein Beispiel aus dem Video zu »I Can See You«: Unter Swifts Regie entstanden, setzt es den Reclaim ihres dritten Albums *Speak Now* durch dessen Re-Recording beinahe zaunpfahlwinkend allegorisch in Szene, und zwar als actiongeladenes Heist Movie. Hierbei wird die Sängerin, die wie in jungen Jahren ihre Glückszahl 13 auf dem Handrücken trägt, mitsamt des goldgerahmten *Speak Now (Taylor's Version)*-Covers aus einem streng gesicherten Tresor nicht so sehr gestohlen als vielmehr befreit. Nachdem man das Bankgebäude in die Luft gesprengt hat, führt die Flucht mit einem kleinen Lieferwagen über eine Brücke, über der ein rot umrandetes Schild prangt. Auf diesem ist die Zahlen- und Buchstabenkombination »1'-9"8.9tv« zu erkennen. Ein Kinderspiel für die Swifties, die sie als klaren Hinweis darauf verstanden, was zum Zeitpunkt, als das Video anlief, noch nicht offiziell bekannt gegeben worden war: dass das Erscheinen von *1989 (Taylor's Version)* kurz bevorstand.

Eine etwas größere, aber keineswegs große Herausforderung stellte dagegen der Ein-Dollar-Schein dar, der am Anfang des Easter egg-gespickten Videos von »Look What You Made Me Do« neben Swift in der Badewanne liegt – und als Anspielung auf ihren Rechtsstreit mit dem ehemaligen Radiomoderator Mueller gedeutet wurde. Wir erinnern uns: Swift hatte von dem Grapscher einen Dollar als symbolische Strafe gefordert. Durch die Badewanne selbst sowie die kostbaren Geschmeide, die Swift in ihr zur Schau trägt, werde, so mutmaßte man, auf Kim Kardashian Bezug genommen, die 2016 in Paris Opfer eines brutalen Raubüberfalls geworden war. Maskierte Eindringlinge hatten die Reality-TV-Ikone gefesselt und geknebelt in eine Badewanne gelegt und danach Schmuck im Wert von mehreren Millionen Euro erbeutet. Sollte diese Lesart stimmen, es sich also wirklich um ein auf Kardashians traumatisches Erlebnis gemünztes Easter egg handeln, käme man kaum umhin, Swift einer gehörigen Geschmacklosigkeit zeihen zu müssen. Da eine solche der sicherlich nicht mit Heiligenschein versehenen, hinsichtlich vergleichbarer Geschmacklosigkeiten indes nicht ein einziges Mal auffällig gewordenen Sängerin meines Erachtens ausgesprochen schlecht zu Gesicht stünde, halte ich die Kardashian-These aber schlichtweg für wenig überzeugend.

Ob Swift sie selbst als ein solches betrachtet oder nicht: Easter eggs sind – und das spätestens, seitdem das komische Roboter-Duo R2-D2 und C-3PO aus *Star Wars* im ersten *Indiana Jones*-Film als Piktogramm auf einer ägyptischen Säule zu sehen war – ein bedeutendes Marketingtool. Darüber hinaus stellen sie ein wirksames Instrument der Fanbindung dar, setzen sie doch, um gefunden zu werden, eine manisch extensive wie intensive, wiederholungsschleifenreiche Rezeption voraus. Wer ein Easter egg finden will, muss nicht nur ALLES bis in die Randlagen kennen, sondern das auch noch aus dem Effeff. Als Preis winkt das mit jedem Fund erneut bestätigte hoch befriedigende Gefühl, zum erlauchten Kreis jener zu gehören, die sich im weitverzweigten Kaninchenbau des Taylorverse mühelos orientieren können und das Arkanwissen haben, um gleichsam mit anderen Augen zu sehen und mit anderen Ohren zu hören. Zudem bestätigt jedes entdeckte Easter egg aufs Neue, was gerade in Zeiten, in denen Überblick und Sinnhorizont verloren zu gehen drohen, ein hohes kompensatorisches Attraktionspotential birgt: dass im Taylorverse unbedingte Ordnung und zudem eine ebenso wohlmeinende wie souveräne Königin herrscht – natürlich Swift selbst. Sie ist es, die dafür einsteht, dass alles miteinander verbunden und, wichtiger noch, sinnvoll und gut ist. Etwas forciert weitergedacht, würde dies bedeuten: Swifties, die sich auf Easter egg-Jagd begeben, haben es nicht nötig, ob der Vielheit und Undurchsichtigkeit der gegenwärtigen Verhältnisse Halt in Querdenkereien und Verschwörungstheorien zu suchen. Sie tragen stolz ihre bunten Freundschaftsbänder. Den Aluhut können sich andere aufsetzen.

I was there

»It was rare, I was there, I remember it all too well«, heißt es in »All Too Well«. Ich kann mich noch gut entsinnen, wie Swift ihre zehnminütige Version des Songs in Las Vegas und Nashville zum Besten gab. Wie sollte ich auch nicht? Ich war ja schließlich vor Ort. *I was there.* Manche der Swifties, die ebenfalls da waren, sind dazu jedoch außerstande. Denn wie zahlreiche Besucher:innen anderer »Eras Tour«-Shows auch haben sie Erinnerungslücken. Ja, bei einigen von ihnen ist Swifts gesamter Auftritt wie aus dem Gedächtnis gelöscht. Dabei hatten sie für ihn ihr Konto geplündert und ihm monatelang entgegengefiebert. Wie ist das möglich? Die kognitive Neurowissenschaft weiß die Antwort. Diese in laienhafter Kurzform: An Ereignisse, die uns emotional wenig tangieren, erinnern wir uns schlechter, an solche von hoher emotionaler Qualität besser. Ab einem gewissen Punkt aber, wenn das Erregungsmaß die Kapazitäten seiner Verarbeitung übersteigt, verkehrt sich dieser Zusammenhang. Denn dann blockiert unser Hippocampus angesichts der exzessiv ausgeschütteten Botenstoffe. Die Folge: Die Gedächtnisbildung nimmt ab, und das bisweilen drastisch, so dass es zu Filmrissen kommen kann, deren Länge im Falle mancher Swifties jene des Films *Titanic* sogar

Swift performt »I Can Do It With a Broken Heart« auf der »Eras Tour« 2024.

noch überstieg. So lange nämlich dauerte das Konzert mit all seiner akustischen, visuellen und taktilen Reizüberflutung, so lange wurde getanzt, mitgesungen und mitgeschrien, so lange währte der adrenalinintensive Ausnahmezustand. Ein wirklicher Grund zur Klage besteht aber nicht. Schließlich sind Swifties auch nur Menschen, und somit gilt für sie wie für alle anderen auch: Sie wollen sich an ihr Leben nicht so sehr erinnern, als vielmehr es erleben. Entsprechend ist ihre Post-Konzert-Amnesie, über die die Presse landauf, landab berichtete, bloß ein Tribut an ihr vergangenes totales In-der-Situation-Sein bei der Show sowie die unbändige Freude, die sie dabei verspürt haben. Irgendwie beneide ich sie sogar. Zumal es ja auch Handyaufnahmen gibt. Und die bestätigen einem: I was there.

13
Dork statt Diva

Taylor Swift ist keine Diva, auch keine Göttin. Das haben wir in der Einleitung zu unserer Reise durch das Taylorverse bereits festgehalten. Doch was ist sie dann? Natürlich ist diese Frage bewusst naiv gestellt und muss, ebenso natürlich, offenbleiben. Trotzdem möchte ich das Wagnis eingehen und mich nun, da ich mich auf der Zielgeraden meines Büchleins befinde, wenigstens an einer Schwundform von Antwort versuchen – und zwar, indem ich einen Impuls aufgreife, den ich dem Video von »Shake It Off« entnehme. Vom vielfach ausgezeichneten Regisseur Mark Romanek gedreht, rangiert es mit 3,4 Milliarden YouTube-Aufrufen in den Swift-Video-Charts auf Platz 1. Schon allein deswegen verdient es ein etwas genaueres Hinschauen. Dass es sich bei ihm um ein hin- und mitreißendes kleines komisches Meisterwerk handelt, erschließt sich vielleicht nicht auf den ersten, wohl aber auf den zweiten oder dritten Blick. Wer Toni Basils »Mickey«-Video aus alten MTV-Pioniertagen kennt, erlebt stellenweise eine Art Déjà-vu.

Was sehen wir also in »Shake It Off«? Abstrakt gesagt: eine Swift in Bewegung. Genauer: eine Swift, die mit ihren Bewegungen das Bewegungsspektrum und -niveau, das von Bewegungsprofis wie Balletttänzerinnen, Breakdancern, Ausdruckstänzer:innen und Cheerleader:innen vorgegeben wird, unablässig konterkariert oder unterschreitet. Man schaue sich im Vergleich dazu den formal und inhaltlich im Übrigen sehr ähnlichen »Single Ladies«-Clip von Beyoncé an: Während Letztere synchron und in totalem Einklang mit den beiden sie flankierenden Mittänzerinnen agiert und als Verkörperung motorischer Perfektion durchgehen darf, übt sich Swift im motorischen Boykott, oder aber sie versagt auf ganzer Linie, beim Ballett und Breakdance ebenso wie beim Ausdruckstanz und Cheerleading. Groß zu stören scheint sie sich aber nicht daran. Im Gegenteil: Swift hat als ungenierte Minderleisterin offensichtlich genauso viel Spaß wie als beherzter Maverick und ist stets mit Feuereifer dabei – auch und erst recht, als gegen Ende das sie umgebende Bewegungsniveau sinkt und sie im Audrey Hepburn-Look aus *Funny Face* vor und mit Bewegungslaien, das heißt Normalmenschen wie du und ich, tanzt, wie man es eben tut, wenn man es nicht wirklich kann. In der letzten Einstellung kommt es schließlich wieder zur Inkongruenz mit ihrer Umgebung: Vor der einschüchternd wirkenden Grazie und Symmetrie von zehn in Formation stehenden *Schwanensee*-Ballerinen versucht sich Swift als elfte im Bunde an einer anmutigen Verbeugungsfigur und landet, die Arme ausgebreitet und die Beine extrem über Kreuz gestellt, auf dem Hosenboden. Dort angekommen, nickt sie kess in Richtung Kamera, als sei sie mit sich und ihrer Leistung rundum zufrieden. Mit diesem feinsinnigen, leicht zu übersehenen Final-Gag endet das Video.

Sei wie du bist und kümmere dich nicht darum, was andere von dir denken! Das ist die Message, die »Shake It Off« für seine Zuschauer:innen bereithält. Und es empfiehlt ihnen als Vorbild niemand anderen als seinen im Zentrum stehenden Star. Dieser begegnet uns im Clip als liebenswert unbeholfene, voller Enthusiasmus agierende und auf Coolness nicht im Mindesten angewiesene junge Frau, kurz und in einem (englischen) Wort: als weiblicher *dork*. Mit diesem Begriff im Kopf rufe ich mir nun Bilder, die ich von Swift habe, vors innere Auge, und zwar bewusst auch solche, die sie nicht von vornherein beim Rollenspiel zeigen. Ich sehe sie also beispielsweise, wie sie gemeinsam mit Jack Antonoff »Getaway Car« komponiert und zwischendurch Grimassen schneidend in die Kamera blickt; ich sehe sie, wie sie, noch sehr jung, erstmals auf Tim McGraw trifft, ihm energisch die Hand entgegenstreckt und dabei ihr zum Markenzeichen werdendes »Hi, I am Taylor« sagt; ich sehe sie, wie sie im Nissan Stadium von Nashville zur »Cruel Summer«-Bridge den langen Bühnensteg hinuntermarschiert oder wie sie beim »Bejeweled«-Videodreh unter Dita von Teeses professioneller Anleitung den Martini Glass Act einstudiert. Und es regt sich in mir ein Verdacht: Könnte es nicht sein, dass Taylor Swift, der größte Popstar unserer Zeit, tatsächlich der Dork ist, den sie uns in »Shake It Off« präsentiert? Zugegeben, ich bewege mich damit auf dünnem Eis. Und ich weiß, dass ich das mit dieser Buchreihe verbundene Recht auf eine subjektive Position, von dem ich bereits ausgiebig Gebrauch gemacht habe, möglicherweise auf den letzten Metern noch überstrapaziere. Doch es hilft nichts. Es kommt mir so vor, als sei es Swifts Dorkiness (von der ich mich schlicht zu glauben weigere, sie sei nur gespielt oder angelegt), die sich in jedwede ihrer Tätigkeiten einmischt. Mal lauert sie im Hintergrund, mal gewinnt sie die Oberhand. Immer aber ist sie irgendwie da und in Kombination mit allen anderen Qualitäten Swifts, zuvorderst natürlich ihrem überragenden musikalischen Genie, verantwortlich dafür, dass, wo immer der Star in Erscheinung tritt, gilt: She makes the whole place shimmer.

Ein Hörtipp

So viel ist bereits über Taylor Swift geschrieben worden. Allzu Substantielles, dringend Empfehlenswertes ist meines Erachtens nicht dabei, zumindest nicht in Buchform. Dafür aber gibt es einen Podcast, der jedes noch so große Lob verdient. Er heißt *Every Single Album: Taylor Swift*, seine Hosts sind Nora Princiotti und Nathan Hubbard. Dieses Buch verdankt ihnen beiden viel.

Die 25 besten Songs

Swifties lieben Bestenlisten – vor allem, wenn es um ihr Idol geht. Ich bin keine Ausnahme. Dennoch sehe ich mich gänzlich außerstande, ein Ranking meiner 25 Lieblingssongs vorzunehmen. Alles, womit ich dienen kann, ist eine – morgen vielleicht schon nicht mehr gültige – Aufzählung meiner Favoriten in chronologischer Reihung. Als Soundtrack für den vorliegenden Band eignet sie sich aber allemal.

01. »Tim McGraw« (2006)
02. »Love Story« (2008)
03. »You Belong With Me« (2008)
04. »Mean« (2010)
05. »Enchanted« (2010)
06. »Red« (2012)
07. »We Are Never Ever Getting Back Together« (2012)
08. »Welcome to New York« (2014)
09. »Blank Space« (2014)
10. »Style« (2014)
11. »New Romantics« (2014)
12. »Getaway Car« (2017)
13. »Dress« (2017)
14. »Cruel Summer« (2019)
15. »Death by a Thousand Cuts« (2019)
16. »August« (2020)
17. »My Tears Ricochet« (2020)
18. »Tolerate It« (2020)
19. »Marjorie« (2020)
20. »All Too Well (10 Minute Version)« (2021)

21. »Maroon« (2022)
22. »Anti-Hero« (2022)
23. »Karma« (2022)
24. »But Daddy I Love Him« (2024)
25. »The Prophecy« (2024)

Die Playlist zum Mithören finden Sie online unter
https://www.reclam.de/taylor_swift bzw.

»Country-Rock, Club, Pop, Prunk,
Schweinkram, Schönheit und Schmutz:
Diese Frau übertrifft in
allem alle, sogar dauernd sich selbst.«

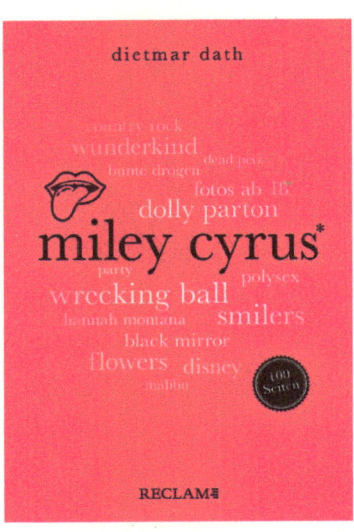

Dietmar Dath
Miley Cyrus. 100 Seiten
100 S. · 12 Abb. und Infografiken
Broschiert
11,4 × 17 cm
ISBN 978-3-15-020713-0

»Susan Sontag hat mein Leben verän-
dert. Die Beschäftigung mit ihr hat mir
schlagartig klargemacht: Denken kann
glamourös sein, und es kann unsere
Sinne schärfen.«

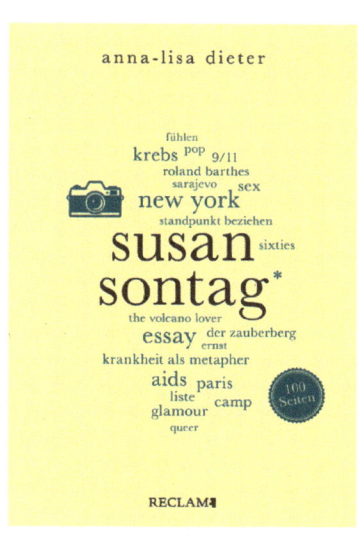

Anna-Lisa Dieter
Susan Sontag. 100 Seiten
100 S. · 10 Abb. und Infografiken
Broschiert
11,4 × 17 cm
ISBN 978-3-15-020675-1

RECLAM   www.reclam.de

 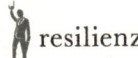